사회생활과 인간관계가
술술 풀리는
말 한마디

아키니와 도하쿠 지음 | 이윤정 옮김

사회생활과 인간관계가

술술 풀리는
말 한마디

아키니와 도하쿠 지음 | 이윤정 옮김

사람과 책

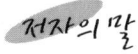

인간관계를 좋게 하는 것도, 나쁘게 하는 것도 모두 '말하는 방법'에 달려 있다. 여기에 짤막한 대화가 있다. A와 B를 비교해 보자.

"어디 가세요?"

A-"잠시 이 근처에 볼일이 있어서요."

B-"어디 가든 무슨 상관이에요? 그런 것까지 보고해야 되나요?"

"고향이 어디세요?"

"지방의 시골이에요."

A-"자연 경관이 참 아름답겠네요."

B-"시골 출신이군요."

"회의가 있어요."

A-"예, 곧 갈게요."

B-"알고 있단 말예요. 정례 회의잖아요."

"이거 틀린 거 아닌가?"

A-"그래요? 조사해 보죠. 알려 주셔서 고마워요."

B-"그럴 리가 없어요. 난 제대로 했단 말예요. 별것도 아닌 걸로 잔소린…"

"오늘의 운세에 대길(大吉)이라고 나왔어."
A-"굉장한데요. 정말 잘 됐어요."
B-"대길은 흉(凶)으로 변한다니까, 조심하는 게 좋을 거에요."

"다녀왔어."
A-"어서 와요. 일찍 왔네요."
B-"어머, 벌써 온 거에요?"

"임신한 뒤 다니던 병원의 의사에게서 심한 말을 들었다"는 내용의 투서가 신문에 실렸다. 그 투서에 따르면, 임신 7개월에 접어들어 검진을 받는데, 초음파 검사 화면을 보던 의사가 "다리가 짧은 아이군요" 하고 말했다고 한다. 그리고 9개월째에는 "아기 얼굴이 별로 예쁘지 않네요!" 하고 말했다는 것이다.

"그 말을 듣고 얼마나 상심했는지 몰라요. 그런데 태어난 아기는 귀여운 여자아이였고, 체중이나 신장 모두 표준이었어요. 의사들은 환자를 대할 때, 좀더 말에 신경을 써야 한다고 봐요. 그리고 늘 상냥하게 대해 주었으면 좋겠어요" 하고 말했으나, 투서를 보낸 이 여성은 의사가 한 말을 평생 잊지 않을 것이다.

한편 의사는 자신이 그런 말을 했다는 사실조차 잊어버리고 있을 것이다. "발을 밟힌 사람은 그 아픔을 잊지 않지만, 발을 밟은 사람은 발을 밟았다는 사실조차 잊어버린다"고들 하는데, 정말이지 그 말이 맞다.

직장에서도 사람들 앞에서 "자네 같은 멍청이는 여태껏 본 적이 없어" 혹은 "자네 같은 사람이 있으니까 이 모양 이 꼴이지"라는 말을 상사로부터 들으면, 부하 직원은 이 일을 절대로 잊지 않는다. 그러나 상사는 "그런 일이 있었던가…" 하고 부하 직원을 호통친 일조차 기억하지 못한다.

지위가 높은 사람 중에는 자신의 지위를 과시하려는 사람이 있다. 그런 타입의 사람은 둘이 있을 때는 평소처럼 지내다가, 사람들이 많은 앞에서는 대수롭지 않은 일을 가지고도, "자네 말이야, 자꾸 이러면 해고시킬 거야"하고 호통을 친다. 주위 사람들에게 자신의 지위를 과시하려는 것이다. 직장인들 가운데는, 사람들이 많은 앞에서 그런 상사로부터 끽소리도 못하고 야단을 맞았던 순간을 평생토록 잊지 못하는 사람도 있다.

잘못을 지적받는 것은 당연하지만, "이런 간단한 일을 가지고 실수를 하다니, 자네 정말 형편없는 사람이군"하고 자신의 인격까지 부정하는 말을 들으면 당연히 상처받게 된다.

사람들이 지나가는 소리로 "언니는 예쁜데, 넌 별로 안 예쁘구나"라고 한 말을, 80세가 되어서도 마음에 담아둔 사람이 있었던 것만 보아도, 사소한 한마디 말이 얼마나 사람에게 깊은 상처를 입히는지 알 수 있다.

이렇듯 주위를 둘러보면 누군가의 '한마디'에 상처를 받거나, 화를 내고, 복수를 다짐하는 사람이 있다.

그런가 하면 '한마디' 말에 위로를 받고, 마음에 맺힌 응어리가 풀리고, 희망을 갖게 되는 사람도 있다.

　결국 우리가 느끼는 희노애락의 모든 감정이, 수많은 사람들이 내뱉는 '한마디'에 좌우된다고 할 수 있다.

　"참 좋은 녀석이야", "신뢰할 수 있는 사람이지" 하고 생각하는 바람직한 관계도, "얄미운 녀석", "같은 하늘 아래에 사는 것조차 견딜 수 없어" 하고 맞서는 관계도, 거슬러 올라가면 '한마디' 말이 원인인 경우가 대부분이다. 그것은 아무리 드넓은 강이라도 수원(水源)이 있는 것과 마찬가지다.

　이 책은 변혁의 시대를 살아가는 현대인, 사회생활, 인간관계에서 피할 수 없는 고민과 스트레스에 시달리는 직장인들을 위해 쓰여진 것이다. 다양한 상황에서 활용, 응용할 수 있는 '한마디'를 익혀서, 이 힘겨운 시대를 헤쳐 나가자.

아키니와 도하쿠

차 례

2장 입장을 분명히 해주는 "한마디"

5장 인간관계에 윤활유가 되는 "한마디"

긴장을 풀어주는
"한마디"

1

나도 똑같은 실수를 했었어

실수를 하면 누구나 상심하게 된다.

큰일났다고 생각해도 실수를 수습할 수 있다면 그나마 다행이다. 가슴이 두근거리기는 해도, "감당 못할 정도는 아니어서 다행이야" 하고 겉으로 평온함을 가장하며 별일 아니었다는 듯이 행동할 수 있기 때문이다.

그러나 모두가 알아챌 정도로 드러나게 실수를 했을 경우에는 '실수했다'는 사실이 나중까지 좋지 않은 영향을 미치게 된다. 사람들이 자신을 실패자로 보는 것은 아닐까 하고 고민하면서, 쉽사리 털고 일어나지 못한다.

그럴 때에 선배나 직장 상사로부터, "그렇게 마음 쓸 거 없네. 나도 예전에 그랬는걸" 또는, "나도 똑같은 실수를 했었어"라는 한마디를 들으면 위안을 얻게 된다. "그렇단 말이지, 모두들 비슷한 실수를 하는구나" 하고 깨달으면, 마음을 짓누르던 '절대적인 실수'가 '상대적인 실수'로 바뀌게 된다.

유명한 평론가가 방송에서, "처음 강연할 때는 얼마나 긴장을

"나도 그래" "나도 마찬가지였어"라는 한마디를 들으면 마음이 무척 편안해진다

했는지, 내가 무슨 말을 하는지도 몰랐어요" 하고 이야기하던 것을 보고, 왠지 모르게 마음이 놓였다. "아, 저 사람도 처음엔 긴장했었구나"라는 생각이 들었기 때문이다.

필자도 처음 강연을 했을 때는 매우 긴장했다. 강연 도중에 물을 마시려고 했으나, 손이 떨려서 컵을 제대로 쥘 수 없을 정도였다. 그 이야기를 작가인 친구에게 했더니, "저도 마찬가지였어요. 지금도 강연을 할 때면 긴장하게 돼요" 하고 말해 주었다. 일일이 거절하기도 버거울 정도로 강연 의뢰를 받는 유명작가조차 별반 다르지 않다는 생각이 들자, 나의 실수 따위는 어쩌면 당연하다는 생각이 들었다.

부정적인 것을 '나만 그렇다'고 생각하면, 필요 이상으로 자신을 몰아세우거나 걱정하게 된다. 그래서 동경하는 사람이나 신뢰하는 사람으로부터 "니도 그래" 또는 "나도 마찬가지였어"라는 말을 들으면, 마음이 무척 편안해진다.

2

그럼 아무 문제 없잖은가?

　아무리 노력해도 잘 맞지 않는 사람이 같은 부서에 있어, "오늘도 그 사람 얼굴을 봐야 되나" 하는 생각만 해도 회사에 갈 마음이 안 난다는 사람이 있었다.

　사람에게는 생리적으로 맞지 않는 사람이 있어서, 다른 사람은 못 느끼는 그 사람만의 몸짓이나 말투에도 거부 반응을 보이는 경우가 있다. 곁에 오기만 해도 혐오감을 느낀다. 마치 꽃가루에 아무 반응을 보이지 않는 사람이 있는가 하면, 알레르기를 일으키는 사람이 있는 것처럼 말이다.

　그 사람과 그는 그런 관계였던 듯하다.

　그래서 고민하던 끝에, 직장 상사를 찾아가 가능하면 다른 부서로 옮겨 달라고 말했다고 한다.

　가만히 그의 이야기를 듣고 있던 과장은,

　"그런가? 자네 이야기는 잘 알겠네. 자네가 싫어하는 사람은 A군 한 사람이란 말이지?"

　"그렇습니다."

> **"시선을 이쪽으로 돌려 봐"**
> **"걸어가려면 이쪽 길이 좋아"라는 조언으로**
> **세상살이에 눈뜨게 된다**

"그렇다면 우리 부서에 있는 10명 가운데, A군을 뺀 나머지 9명과는 잘 지낸단 말이지?"

"예."

"그럼 아무 문제 없잖은가? 자네가 A군에게만 신경을 곤두세워서 그런 건 아닌가? 앞으로는 자네와 잘 지내는 나머지 9명에게 마음을 쏟아 보게. 그러면 일도 잘 풀릴 거야. 그리고 기분이 나아지면 A군도 그다지 눈에 거슬리지 않을 걸세."

필자는 이 이야기를 들으면서, 그 사람이 참 좋은 상사를 두었다는 생각이 들어, 기분이 한결 밝아졌다.

사람이란 부정적인 방향으로 자꾸 눈길을 주다 보면, 어느새 부정적인 세계에서 살게 된다. 그럴 때 "시선을 이쪽으로 돌려 봐"라거나 "걸어가려면 이쪽 길이 좋아" 하고 조언해 주는 선배의 말을 듣고 '세상살이'에 눈뜨게 된다.

3

그게 좋겠군, 그게 좋겠어

"대사(大事)는 남과 의논하지 말고, 신념을 가지고 밀고 나가라"
는 말이 있다.

요컨대 "자신에게 있어서 중요한 일일수록 스스로 결정하라"는
말이다. 그러나 결정을 내리는 과정에서는 다양한 정보를 모으고,
여러 사람의 의견을 듣거나 의논하는 일이 필요하다.

그런데 인간이란 참 재미있는 존재여서, 무의식중에 자신의 생
각에 찬성해 줄 것 같은 사람을 의논 상대로 고른다. 이를테면 "회
사를 그만두고 싶다"는 생각이 강할 때에는, 그 생각에 동의를 해
줄 것처럼 보이는 사람과 의논하고 싶어한다. 그 상대로부터 "그
렇게 하게나"라는 말을 들음으로써, 그때까지 가슴속에 품고 있던
걱정이나 망설임, 갈등에서 해방되어 마음이 편안해지기를 바라
기 때문이다.

필자도 현재의 직업을 갖기까지 "이대로 계속 직장을 다녀야 하
나, 아니면 그만두고 독립을 해야 하나" 하고 몇 번이나 망설인 경
험이 있다. 그래서 "회사를 그만둘까 하는데요…" 하고, 내 이야기

> **❝** 다른 사람이 자신의 의견에 찬성해 주면,
> 망설임이나 갈등으로부터 해방되어
> 마음이 편안해진다 **❞**

에 고개를 끄덕여줄 것 같은 사람을 찾아가 의논을 했다. 그랬더니 그 사람은 "그게 좋겠군, 그게 좋겠어" 하고 내 생각에 동조해 주었다.

하지만 막상 실행에 옮기려면 결단을 내리기가 어려운 법이다. 회사를 옮기거나 직업을 바꾸는 결단은, 강한 의지와 분명한 목적의식이 없으면 내리기 힘들다. 더욱이 그럭저럭 수입이 보장되는 직장인 경우에는, 그것을 버리고 '불확실한 세계'로 뛰어들기가 쉽지 않다.

그래서 이런저런 생각 끝에, 의논을 드렸던 분의 집으로 다시 찾아가서 "여러가지로 생각해 보았는데, 아무래도 좀더 직장을 다녀야겠습니다" 하고 이야기하자, "그게 좋겠군, 그게 좋겠어" 하고, 이번에는 회사에 계속 다니는 것에 대해 이런저런 찬성 의견을 말하는 것이었다.

정말 희한하게도, 두 경우 모두 "그게 좋겠군, 그게 좋겠어"라는 말을 듣고 마음이 편안해진 것이다.

4
저 사람도 화장실에 가겠지

명함을 주고받을 때, 가장 먼저 눈이 가는 곳이 상대방의 직함이
다. 상대방이 과장인지, 부장인지, 얼만큼 높은 직위에 있는 사람
인지를 먼저 보게 되는 것이다.

"새삼스럽게 무슨…" 하고 생각할지도 모르겠지만, 자신이 그러
한 가치관 속에서 살고 있다는 것을 되새겨 볼 필요도 있다.

왜냐하면 부장 앞에 서거나 사장실에 갈 경우, 사람들은 필요 이
상으로 긴장해서 여느 때의 자신의 모습을 잃어버리기 때문이다.

왜 그런지, 그 이유를 알아내어 원인을 제거하고, 좀더 자연스럽
게 이야기를 나누고 일을 할 수 있다면, 심리적인 중압감도 조금
은 가벼워질 것이다.

평소 자신이 생각하던 것보다 멋지게 말하려는 것도 아닌데, 어
쩔 수 없이 윗사람 앞에만 가면 잘 보이려는 생각이 앞서게 되어
필요 이상으로 긴장하고 만다.

자신이 생각하던 것을 평소처럼 자연스럽게 표현하고 싶을 뿐인
데, 말이나 행동이 마음처럼 잘 안 되는 것이 아랫사람의 딜레마

> **"인간이란 크게 다를 바가 없다"고 생각하면,
> 상대방의 직함에 구애받거나 위압감을
> 느끼지 않게 된다**

이다. 직장에는 상하 관계라는 것이 있어서, 아랫사람들은 마치 주문에라도 걸린 듯이 "윗사람이 무조건 옳다"는 선입견에 사로잡혀 있는 것처럼 보인다.

직장 내의 인간관계에서는 아래에 있는 사람일수록 더 많은 사람들에게 얽매이게 되고, 그 중압감 때문에 늘 긴장하게 된다. 그럴 때마다 주변 사람들의 눈치를 살피며 스스로 위축되고 자신이 지닌 능력마저 발휘하지 못하며 마음 편히 지낼 수도 없다.

그럴 때는 "저 사람도 화장실에 가겠지" 하고 중얼거려 보자.

어차피 인간이란 크게 다를 바가 없다. 협상을 할 때도 이 한마디를 떠올리면, 상대방의 직함에 구애받거나 위압감을 느끼지 않게 될 것이다. 직함에 주눅이 들면 자기 주장도 펴지 못하고, 그러다 보면 자기실현도 불가능해지지 않겠는가?

5
아는 사람은 다 알아

남성이나 여성이나 할 것 없이, 직장에서 생기는 가장 큰 문제는 인간관계라고 한다.

업무에 관한 고민과 스트레스의 내용을 조사한 '노동자 건강 상황 조사'에서도, '직장 내의 인간관계'가 1위를 차지하고 있다. 참고로 그 밖의 항목을 순서대로 살펴보면, 업무의 질에 관한 문제, 업무의 분량 문제, 업무에 대한 적성 문제, 승진이나 급료 인상 문제, 정년 이후의 노후 문제, 고용의 안정성 문제, 업무 배치 문제 등으로 나왔다.

아무튼 직장에서는 상사나 동료, 그리고 부하 직원을 선택할 수 없다. 또한 건물의 몇 층, 어느 책상에 앉을 것인가 하는 문제도 자신이 선택할 수 없다.

직원이 인사 문제에 관심을 갖는 이유도, 어떤 사람 밑에서 일하고, 자신의 옆자리에 누가 앉느냐가 중요한 문제이기 때문이다. 각자의 지위나 처지에 따라, A씨가 과장이 되고, B씨가 부장이 되는 상황을 다르게 받아들인다.

> ** 자신의 성격이나 기분을
> 헤아려 주는 사람이 있으면,
> 그것만으로도 기분이 꽤 편안해진다 **

"잘됐어!", "역시 그랬군…", "우와, 정말 가슴이 다 후련하다", "좀 힘들게 됐는걸", "정말 싫어!", "꼴 좋다" 등, 반응이나 감상은 사람 수만큼이나 많다.

"잘됐어" 하고 생각하는 사람에게는 당장 별 문제가 없지만, "정말 싫어!" 하고 생각하는 사람은 그 순간부터 마음이 무거워진다. "정말 싫어!" 하고 느끼는 이유는 "걸핏하면 감정적으로 나오니까"라거나, "왠지는 몰라도 잘 맞지 않아서"라거나, "서로에 대해 반발심을 가지고 있어서"일 수도 있고, "이유없이 싫은" 경우도 있을 것이다.

그럴 때 자신의 생각이나 성격, 기분을 헤아려 주고, "다음 인사이동 때까지만 참는 거야" 하고 위로와 격려의 말을 해주는 사람이 있으면, 그것만으로도 기분이 꽤 편안해진다.

자신도 그렇게 생각하고 있는데, 다른 사람으로부터 그와 비슷한 말을 들으면, "역시 그렇지" 하고 마음이 놓인다. "아는 사람은 다 안다"는 사실만으로도 용기를 얻는다.

6

내게 답례하는 대신, 후배들을
잘 대접하게

어디를 가든 자신이 돈을 내려는 사람이 있다. "오늘은 내가 내는 거야" 혹은, "됐어, 됐어, 내가 낼게" 하고 사람들에게 인심 쓰는 걸 좋아한다.

그런데 그렇게 돈으로 인심쓰는 것을 좋아하는 사람들이 모두 주머니사정이 넉넉한가 하면, 그렇지도 않다. 가장 알기 쉬운 예로, 여자에게 마구 돈을 쓰는 남자들을 들 수 있다. 열심히 일해서 번 아르바이트비를 하룻밤 데이트 비용으로 날려 버리고 나서는, 허리띠를 졸라매는 것이다. 호기 부리지 말고 더치 페이를 하면 될 텐데도, 그러지 못한다. 허세를 부린다고 할까, 폼을 잡고 싶은 것이다.

직장인 중에서도 비슷한 사람이 있다. 돈으로 인심을 써서 좋은 인간관계를 유지하려고 한다. 사람들의 환심을 사서, 자신감 부족이나 콤플렉스를 가리려는 것이다. 그런 사람 중에는 빚까지 내는 경우도 있다.

그것이 일종의 취미 같은 것이라서, 취미 생활을 즐기려면 돈이 들 수밖에 없다고 여긴다면 상관없다. 그러나 돈을 내지 않으면

66 대접을 받았다고 곧바로 갚으려고 하는
고지식한 사람이 될 필요는 없다 99

불안해 하면서도, 빚을 내는 것 또한 괴롭기 짝이 없는 사람이라면 돈을 가지고 다니지 않는 수밖에 없다. 지갑에 돈이 없으면 돈으로 인심을 쓰고 싶어도 쓸 수가 없다. 또한 그러다 보면, 돈으로 인심을 쓰지 않는다고 해서 주위 사람들에게 따돌림 당하지도 않는다는 사실을 알게 될 것이다.

반면에 대접을 받았다고 해서 곧바로 갚으려 드는 '고지식한 사람'이 될 필요는 없다. 돈으로 인심을 쓰려는 사람들 중에는, 돈으로 호기를 부릴 수 있을 만큼 경제적인 여유가 있다는 사실을 스스로 즐기는 사람도 있기 때문이다.

필자가 학생이던 때에도 그런 사람이 있었다. 그 사람은 우리들에게 "자네들이 앞으로 돈을 벌게 되더라도, 나에게 답례를 하려는 생각을 해서는 안 되네. 그럴 처지가 되면 후배들을 잘 대접하게" 하고 말하곤 했다.

이 말에는 인간에 대한 따뜻한 시선과, 자신이 인생에서 얻은 것을 뒤에 오는 사람에게 전해 주려는 마음이 느껴진다.

7

내가 앉은 자리가 상석이에요

　승용차에는 상석이 있는데, 뒷좌석 안쪽 자리를 가장 좋은 자리로 친다. 그래서 손님과 함께 승용차를 탈 때에는 손님에게 뒷좌석 안쪽 자리를 권하지 않으면, "예의를 모르는 사람"이라는 말을 듣게 된다.

　전철이나 비행기에서는 창 쪽 자리가 상석이다. 두 사람씩 나란히 마주보고 앉는 4인 좌석에서는 진행 방향으로 창 쪽 자리가 상석이다.

　예전에 사진기자와 함께 큐슈로 출장을 갔을 때의 일이다. 기차에서 4인 좌석의 통로 쪽 좌석이 둘 비어 있어서 거기 앉기로 했다. 그런데 필자가 자리에 앉으려는데, "거기는 내 자리에요" 하고 동행한 사진기자가 말했다. 순간 그의 말뜻을 못 알아들어 어리둥절했으나 곧바로 "그러세요" 하고, 그에게 진행 방향이 보이는 좌석을 양보했다.

　필자로서는 그가 나보다 몇 살 위이기는 했지만, 같은 회사에 다니는 사진기자였기 때문에 누가 위고 누가 아래고 할 것 없다고

> ## 상석에 앉지 못했다고 서열이
> ## 낮아지는 것은 아니다

생각했으나 그 사진기자에게는 그 점이 탐탁치 않았던 것 같다.

방에도 상석과 하석이 있어서 손님이나 서열이 높은 사람일수록 상석에 앉는다. 일반적으로 입구에서 먼 쪽, 즉 방의 안쪽이 상석이다.

그러나 회의 같은 데서는 메인 참석자가 방의 맨 안쪽에 앉으면, 그 사람의 자리가 가장 구석자리가 되어 버린다. 그런 경우에는 중앙이 상석이 된다.

예전에 좌담회를 마련한 적이 있는데, 그때 메인 참석자가 상석이 아닌 자리에 앉아 있었다. 그래서 "선생님, 이쪽으로 오시죠" 하고 권했더니, "뭐 그런 걸 가지고 신경을 씁니까? 내가 앉은 자리가 바로 상석이에요" 하고 말하는 것을 듣고 감탄한 적이 있다.

좌담회장의 분위기가 그 한마디로 부드러워진 것은 말할 것도 없다.

8
서로 돕고 사는 거죠,
너무 마음 쓰지 마세요

직장에서 휴가를 쓰려는 사람들 중에는 집에 환자나 연로한 분이 있어서, 곁을 지키며 돌봐 드려야 하는 경우도 있다. 하지만 이런 까닭에 휴가를 쓰면서도, "회사에 나가 봐야 하는데, 어쩌지" 하고 마음이 무겁다. 그럴 때 "서로 돕고 사는 거죠, 너무 마음 쓰지 마세요"라는 말을 들으면, 마음이 편해진다.

단, 이러한 신뢰 관계가 다져지기까지는 일상적인 노력이 중요하다. 즉 결과적으로 약간의 불편을 끼치더라도, 평소에 이해와 호감을 얻고 있다면 주위 사람들로부터 배려를 구할 수 있다. 그렇지 않으면 주위 사람들로부터 "저 사람은 뭐든 대충대충 하고, 항상 제멋대로야" 하고 욕을 먹게 된다.

어떤 상황에 대한 인간의 이해심은 상대방이나 경우에 따라 달라진다. 병이 나서 회사를 쉴 경우에, "또 꾀를 부리는군"이라는 말을 듣는 사람이 있는가 하면, "열은 좀 내렸는지 모르겠군" 하고 주변 사람들이 걱정해 주는 사람이 있는 것만 보아도 알 수 있다. 업무 성과가 나쁜 경우에도, 주위 사람들로부터 "뭘 시켜도 제대

> **❝** 상대방을 위해서 내가 좀더 서비스를 한다는
> 생각이 인간관계를 오래 지속시킨다 **❞**

로 하는 게 없어"라는 말을 듣는 사람이 있는가 하면, "무슨 일이
라도 있는 건 아닌지 모르겠네" 하고 걱정어린 관심을 받는 사람
도 있지 않은가?

　이웃에서 택배 우편물을 받아 준 경우에도 "서로 돕고 사는 거
죠, 너무 마음 쓰지 마세요"라는 말을 들으면 마음이 놓인다. 동료
가 돈을 대신 치러 준 경우나 한턱을 낸 경우에도, "오늘 내가 내
고 다음엔 그쪽이 내면 되죠, 뭐" 하고 말해 주면, 생색내는 것처
럼 들리지 않아서 부담스럽지 않다.

　인간관계는 '기브 앤드 테이크'의 경우든, '테이크 앤드 기브'
의 경우든 주는 것만큼 받겠다거나 받은 만큼만 주겠다는 생각을
가지면 오래가지 못한다. 상대방을 위해서 자신이 좀더 서비스를
한다고 생각되는 정도로 해두자. 그게 바로 "서로 돕고 사는 거죠,
너무 마음 쓰지 마세요"라는 말이 가지는 의의이다.

9

부장도 동석했다고 적어서 내게

거래처 사람들이나 고객을 접대하는 자리에 나가는 것을 싫어하는 직장인이 있다. 그런 자리에서는 상대방의 취향을 고려해 가면서 상대방이 만족할 때까지 온갖 신경을 다 써야 하니까, 접대를 마치고 나면 녹초가 되곤 한다.

또 접대하는 것은 좋은데, 접대비 청구서를 제출하는 것을 싫어하는 사람도 있다. 청구서를 올리면, 경비 절감이다 뭐다 해서 잔소리를 듣기 때문이다.

어떤 사람은 상사로부터 "접대비가 너무 많이 나왔잖아"라는 말을 듣게 되지나 않을까, 하는 생각만 해도 몸이 다 오그라든다고 한다. 그리고 그런 생각부터 하는 자신이 한심해진다.

상사 중에는 "난 이런 청구서에는 사인해 줄 수 없어" 하고, 주위 사람들에게 다 들리게 호통을 치고는, 부하 직원에게 청구서를 던져 버리는 사람도 있다. "자넨 언제나 돈을 너무 많이 쓴단 말이야" 하고 부하 직원에게 심한 소리를 하는 것이다.

어느 회사원에게서 들은 이야기인데, 직장 상사인 부장을 찾아

상황이 나쁠수록 "규칙은 엄격하게, 운용은 유연하게" 배려하는 자세가 필요하다

가 "접대비 청구서를 받고 보니, 예상보다 금액이 많이 나왔는데 요…" 하고 의논을 드렸다고 한다. 그러자 부장은 잠시 생각을 하더니, "그러면, 부장도 동석했다고 적어서 내게나" 하고 대답했다고 한다. 그 사람은 "정말 기뻤어요. 갑자기 눈앞이 환해지는 느낌이 들지 뭐예요" 하고 말했다.

물론 그것은 그 사람이 부장으로부터 신뢰를 받고 있었기에 가능한 이야기이다. 그 부장 또한 잠자코 아무 청구서에나 도장을 찍어 주지는 않을 것이다. 그러나 상황이 나쁠수록, "규칙은 엄격하게, 운용은 유연하게"라는 자세가 필요하다.

자기 앞으로 나온 접대비 청구서를 접대 자리에 함께 참석했던 부하 직원에게 가지고 와서는, "도장은 찍어 줄 테니까 자네 이름으로 청구서를 제출하게" 하고 말하는 상사도 있다는데, 그런 상사는 결코 부하 직원의 신망을 얻을 수 없다.

10
잘 다녀오셨어요?

밤늦은 시간의 텅빈 사무실 공간은, 사람들의 움직임으로 부산하던 낮시간보다 훨씬 넓게 느껴진다. 그래서 무서운 생각마저 든다. 자기가 움직이면서 내는 소리가 사방으로 울려 퍼지고, 아무에게도 신경 쓸 필요가 없는데도, 될 수 있는 대로 소리를 내지 않도록 조심하게 된다.

이런 기분은 퇴근 시간이 한참 지나서 사무실에 들러야 할 용무가 있는 경우에 종종 맛보게 된다.

광고대리점에 근무하는 후배 S군은 어느날 퇴근 시간이 지나서 사무실에 돌아왔다. 필요한 일만 대충 끝내고 얼른 퇴근해야지 하고 생각하면서 책상 위를 봤는데, '잘 다녀오셨어요?' 라고 적힌 메모지 한 장이 놓여 있었다고 한다.

"왠지 마음이 놓였어요. 뭐랄까, 나 혼자가 아닌 것 같은 생각이 들었어요."

그것은 바로 현재 S군의 부인인 E씨가 놓아둔 것이었다. 두 사람은 사내 결혼을 한 셈인데, "잘 다녀오셨어요?"라고 적힌 종이

> ## "잘 다녀오셨어요?"라는 말을 들으면,
> ## 자신이 그곳에 있어야 할 존재라는
> ## 사실을 깨닫는다

쪽지가 책상 위에 놓여 있기 전부터 사귀고 있었다.

E씨는 밤늦게 혼자 사무실로 돌아올 S군을 생각해서, 모두가 퇴근한 후에 그 메모지를 놓아둔 것이었다. S군이 결혼을 결심한 것도 바로 그때였다고 한다.

일상의 업무 시간중이라도, 외근을 하고 돌아왔을 때에 "잘 다녀오셨어요?"라는 말을 들으면 기분이 좋아진다. 그 말을 들으면, 자신이 그곳에 있어야 할 존재라는 사실을 깨닫게 되기 때문이다.

그리고 자녀가 귀가했을 때, "잘 다녀왔니?"라는 말을 해주면, 자녀 역시 마음이 편안해진다. 자녀가 귀가할 시간에 사정이 생겨서 집에 있을 수 없을 때는, "잘 다녀왔니? 하고 말해 주지 못해서 미안하구나"라는 말이 적힌 쪽지를 테이블에 놓아둔다는 어느 어머니의 이야기를 듣고 흐뭇해 한 적이 있다.

메모지에 남긴 말 한마디에 마음이 푸근해진다.

11
그렇게 치사하게 나오면 안 되지

전철을 탈 때는 빈자리가 있는지 늘 신경이 쓰인다.

승차 구간이 짧거나, 애초에 앉을 생각이 없을 경우에는 괜찮다. 하지만 무슨 수를 써서라도 앉아야겠다고 작정하면, 기다리는 동안에도 마음이 편하지 않다. 전철을 기다리며 서 있는 사람들이 모두 경쟁 상대로 보이는 경우도 있다.

다른 사람보다 반 발짝이라도 앞에 서 있어야겠다는 생각에 조바심이 난다. 그런 까닭에 다른 사람이 자기보다 조금이라도 앞으로 나오려 하면, 말로는 드러내지 않아도 "내가 먼저 와서 기다리고 있었단 말이야" 혹은, "그렇게 치사하게 나오면 안 되지" 하고 상대방을 견제한다. 남의 행동에 대해서는 "그렇게 치사하게 나오면 안 되지" 하는 표정을 지으면서, 실은 자신이 치사하게 굴고 있는 것이다.

제대로 줄을 서 있다가도 전철이 도착하면, 다른 사람보다 조금이라도 유리한 위치를 차지하려고 앞으로 나아간다. 그렇게 먼저 타려고 우왕좌왕하는 자신을 향해 조금이라도 비난 어린 시선을

" 가끔 자신의 행동을 돌아보면서
여유를 가져 보자 "

보내는 사람을 보면, "사람들이 먼저 타려고 밀치락달치락하니까 하는 수 없잖아!" 하는 표정으로 돌아본다. 조바심 때문에 짜증이 나기 때문에 심리적인 면에서나 행동적인 면에 있어서, 주위 사람들과의 사소한 다툼도 불사한다.

타는 사람 쪽에서 보면, 내리는 사람도 영 못마땅하다. "좀 빨랑빨랑 내리면 좋잖아!" 또는 "앞 사람과 간격을 두고 내리면, 다 내린 줄 알고 타려다가 당황하잖아요" 하고 말하고 싶다.

그러는 동안에 다른 승강구에서 손님이 타는 모습이 보이면 안달이 나서 "뭐야, 뭐야, 못 앉는 거 야냐!" 하는 생각이 들고 그러다가 간신히 자리에 앉게 되어도, 그 동안 애를 끓였던 탓에 기진맥진한 상태가 된다.

그리고 냉정을 되찾고 보면, 그런 자신의 행동이 너무나도 경박하게 여겨지면서 조금쯤 자기혐오에 빠지는 수도 있다.

가끔 자신의 행동을 돌아보면서 여유를 가져 보자.

12
그렇지 않아요

"담배를 끊으려는데, 잘 안 돼요"라든가, "무슨 일을 시작해도 작심삼일이란 말야"라는 이야기를 종종 듣는다. 불평인지 자조인지 불분명한 어조로, "난 의지가 약해서 글러먹었어"라는 말을 듣기도 한다.

하지만 그런 말에는 진지하게 상대하지 않는 것이 좋다. 굳이 대답을 하려면,

"금연, 그거 간단해요."

"그렇지 않아요. 나도 말이지, 담배를 끊으려고 몇 번 시도했는지 몰라요." 하고 가볍게 넘겨 버리는 것이 상책이다.

왜냐하면 '의지가 약하다'거나 '글러먹었다'고 말하는 사람치고, 진심으로 그렇게 생각하는 사람은 없기 때문이다. 약 선전 가운데, "약을 먹는 사람은 묵묵히 먹는다"는 카피가 있다. 말하자면 담배를 끊으려고 필사적으로 노력하는 사람은, 자신이 금연하고 있다는 사실에 대해 오히려 과묵해지게 마련이다. "살이 쪄서 다이어트를 해야 하는데" 하고 말하면서 음식을 마구 입에 우겨 넣

때로 다른 사람의 이야기를 흘려들을 줄 아는 기술이 필요하다

는 사람이라면 살을 빼려는 생각이 간절하지 않은 것과 마찬가지라고 볼 수 있다.

물론 그렇게 말하는 사람들도 담배를 끊고, 살을 뺄 수 있기를 바랄 것이다. 그러나 스스로에게 고통스러운 제약을 부과하면서까지 그럴 생각을 하는 것은 아니다. 그들은 자신에게, 또 주위 사람들에게 어리광을 부리는 것이다. 담배를 피고 배부르게 먹으면서 "금연해야 하는데", "다이어트 해야 하는데"라는 말을 변명처럼 늘어놓아 마음의 위안을 삼으려는 것뿐이다.

어쨌든 그들은 뭐든 자신에 관한 일을 화제에 올리고 싶은 것이다. 그래서 우리는 실행이 뒤따르지 않는 그런 종류의 이야기를 들으면 설레설레 고개부터 내젓게 마련이다.

이러한 사실을 깨달으면, 다른 사람의 이야기를 흘려들을 줄 아는 기술을 익힐 수 있다. 평소에 남의 일에 너무 깊이 개입하지 않는 것이 인간관계를 중립적으로 유지하는 요령이다.

13
조금이지만, 월급도 올랐어

이런 소설을 읽은 적이 있다.

위 수술을 받고 입원해서 의기소침해 있는 사람에게 병문안 온 친구가 있었다.

"힘들었겠구나. 어떠니?"

"정말이지, 너무 고생스러웠어. 의사는 2주일 정도 있으면 퇴원할 수 있다고 하는데, 원래대로 업무에 복귀할 수 있을지 걱정이야."

"아니, 괜찮을 거야. 그런 걱정이 몸에 더 안 좋은 거 아닐까?"

"하지만 위를 잘라냈단 말야."

"그건 안 좋은 부위를 잘라냈단 거잖아. 그리고 위를 잘라냈다는 건, 위 말고 다른 데는 수술할 필요가 없을 만큼 건강하다는 거잖아."

입원을 하면 아무래도 마음이 약해진다. 그럴 때는 주위 사람들의 격려의 말에 용기를 얻는다. "어제까지는 일어서지도 못했는데, 오늘은 이렇게 일어섰잖아"라거나, "어제는 간신히 일어서더

66 조금만 생각을 바꾸면 비관이 희망으로 바뀐다 99

니, 오늘은 걸어다니잖아"라는 식으로, 눈에 보이는 사실을 지적해 주면, 환자 자신도 "내일은 복도에 나가서 걸어 볼까" 하는 마음이 들게 된다.

"올해는 월급도 거의 오르지 않았어. 앞날이 걱정이야"라는 말을 들으면, 불안한 마음이 들게 된다. 하지만 "조금이지만, 월급도 올랐어"라는 식으로 생각을 바꾸면, 자신을 '불행의 표본'으로 여기고 비관하지는 않게 된다. 월급도 오르고 상여금도 좀 나올 테고, 직장도 있고, 몸도 건강하잖아, 하고 생각하면 언제까지나 비관만 하고 있지는 않게 될 것이다.

그렇게 되면, 불만과 불안 속에서 생각 없이 집과 회사를 오가는 게 아니라, 장래를 위해서 필요한 기술을 배우거나 자격증을 따려는 적극성도 생길 것이다.

나름대로 목표가 생기면 자신과 사람들과의 거리를 냉정히 가늠할 수 있게 되므로, 인간관계도 분명해진다.

14

조금 모순된 말이나 행동을 한들 어떻겠어요?

"이거, 어떻게 하면 좋을까요?"라는 부하 직원의 질문에, "그쯤은 스스로 생각해서 하라구"라든가, "나중에 물어 보면 안 되겠어?" 하고 퉁명스럽게 대답하는 상사가 있다.

그런 일이 몇 번 되풀이되면, "친절하지 않다" "냉정하다" "자신의 역할에 대한 자각이 없다" "리더로서 자질이 없다"라는 말을 듣기 십상이다. 그런 사람은 평소에는 "부하 직원이 지시를 내려 달라고 하면, 곧바로 적절한 대응을 해야 한다"라고 말하다가도, 막상 그 상황이 되면 제대로 대처하지 못한다.

일을 하다 보면, 평소에 생각하던 대로 하지 못하여 일을 그르치고 마음이 상하는 경우가 있다. 더구나 그것이 원인이 되어, 자신에 대한 평판이 나빠지거나 사람들과의 관계가 어색해져서 또다시 고민을 한다. 이런 경우는 직장일에 한한 것만은 아니다.

생각하는 것과 행동하는 것은 여러모로 다르다. 그런데도 사람들로부터 자신이 모순된 행동을 한다는 소리를 들으면 심리적으로 위축되며, 그때문에 다시 고민에 빠진다.

> ❝ 우리는 모순 속에서 살고 있지만,
> 그 한계를 인정하면 편안해질 수 있다 ❞

동물을 사랑하자는 말들을 하면서도, 사람들은 소중하게 기른 소나 돼지를 잡아먹는다. 모든 생명을 소중히 여기자는 말을 하지만, 식탁 위에 차려진 음식은 한때 생명을 가졌던 것들로 조리된 것들뿐이다. 어떠한 경우에도 사람을 죽이면 안 된다고 말하면서, 전쟁이나 형벌이라는 명분으로 사람을 죽인다. 아이들에게 "거짓 말을 해서는 안 된다"고 가르치는 어른들도 자주 거짓말을 한다.

생각하면 할수록 우리는 모순 속에서 살고 있다. 그런 가운데서 사람들은 정합성(整合性)을 추구하려 하지만 한계가 있다. 그런 때 "조금 모순된 말이나 행동을 한들 어떻겠어요?" 하고 누군가가 말을 해주면 마음이 편안해진다.

사람은 신(神)이 되려는 욕심을 버리고 한계를 인정할 때 평안을 얻을 수 있다.

15
인간이란 극적인 존재야

"인간은 극적인 존재"라는 말이 있다. 그 말이 뜻하는 바는, 인간이란 그 자체가 드라마틱한 존재이기 때문에, 세상에는 어떠한 일이든 일어날 수 있다는 것이다. 따라서 우리의 삶은 드라마와 같을 뿐만 아니라, 어쩌면 드라마를 넘어서는 것이라고 볼 수 있다.

이 이야기는 친구에게서 들은 것인데, 그는 이 말을 좌우명으로 삼아 자기 방에 써붙여 놓았다. 그리고 업무나 인관 관계에 있어서, 일이 잘 풀리지 않거나 예상 외의 일이 일어나서 고민할 때, 그 글귀를 보고 "인간이란 극적인 존재야"라고 중얼거려 본다고 한다.

그러면 예상 밖의 일, 예상을 넘어선 일이 일어나는 게 드라마이고 인생이 드라마보다 더 극적인 것이라면, 이런 일이 일어나는 것도 당연하다, 라고 세상을 있는 그대로 받아들일 수 있게 된다고 한다. 드라마에서 반드시 갈등이나 불화가 해소되는 장면이 나오듯이, 그때까지만 참으면 되겠지 하고, 앞날에 대한 희망을 가질 수 있다는 것이다.

> **"** 드라마틱한 인간들이 모여 사는
> 세상이라고 생각하면 용기를 가지고
> 현실에 맞설 수 있다 **"**

짓궂은 말을 던지는 사람이나 남의 발목을 잡고 늘어지는 사람이 있어도, 여기는 존재 자체가 드라마틱한 인간들이 모여 사는 세상이라고 생각하면, 그런 상황을 당연하다고 받아들일 수 있다.

이 친구와 같이 좌우명까지는 아니어도, 삶의 지침이 되는 말이 있으면, 고민을 해결하거나 힘겨운 상황을 극복해 나가는 데에 유용하다. 그 말이 내면으로부터 자신을 지탱해 주는 버팀목이 되어 주기 때문이다. 책에서 그런 말을 찾는 것도 괜찮고, 신뢰할 수 있는 선배나 존경할 수 있는 인물로부터 인생의 지침이 될 만한 교훈적인 말을 얻는 것도 좋다.

그래서 우리는 '한마디' 말로 삶의 희망을 얻었다는 사람을 종종 만나게 된다.

16
손이 찬 사람은 마음이 따뜻하대요

동료가 "기억력이 떨어져서" 하고 비관적으로 나오면, "그 대신 판단력이 좋아졌잖아" 하고 말해 주자.

그러면 "분명 그건 그래" 하고 말할 것이다. 그러면 "판단력이 좋아졌잖아" 하고 말한 사람도 자신의 말에 동의를 얻게 되어 기분이 좋아진다.

나이를 먹으면 기억력이 나빠진다는 것은 일반적인 현상이므로, 그 동료는 자신이 어떤 일을 기억하지 못한 것을 '나이 탓' 이라고 생각했을 것이다. 그리고 나이 탓이라고 여겨도 이상하지 않을 여러 현상을 여러 번 경험했음이 분명하다.

따라서 "그렇게 비관할 거 없어" 하고 말해 준들, 상대방은 그저 그런 위로의 말쯤으로 받아들일 것이다. 하지만 살아가는 동안, 설령 부정적인 측면이 있다 하더라도, 그것을 상쇄하고도 남을 긍정적인 측면이 있다는 사실을 이해하게 되면, 부정적인 사고가 긍정적인 사고로 바뀐다.

이처럼 부정적인 어감이 드는 말을 긍정적인 어감이 드는 말로

> ❝ 부정적인 느낌이 드는 표현을
> 긍정적인 느낌이 드는 표현으로
> 바꾸어 이야기해 보자 ❞

바꾸는 대화의 기술이 있다.

　예컨대 "아무래도 분석력이 약해서…" 하고 말하는 사람에게 "직관력이 너무 좋은 거 아니에요?" 하고 말해 주는 경우처럼 말이다.

　이런 식으로, "손이 차서…" 하고 말하는 사람에게는 "손이 찬 사람은 마음이 따뜻하대요" 하고 말해 주고, "너무 나이들어 보여서…" 하고 말하는 사람에게는 "인상이 따뜻해 보이셔서 사람들이 잘 따르겠어요" 하고 말해 주고, "감기가 걸려서 목이 아파요…" 하고 말하는 사람에게는 "편도선이 잘 붓는 사람은 머리가 좋대요" 하고 말해 주면 분위기가 밝아진다.

17
우는소리 좀 해도 괜찮아

때때로 괴롭다는 생각이 드는 이유는 무엇일까?

한마디로 말하면, 억지로 참고 있기 때문이다. 주어진 일이 힘들고, 주변 사람들이 자신을 이해하지 못하거나 못살게 굴어도, 그런 것쯤에 져서는 안 된다고 억지로 참고 있기 때문이다.

"우는소리를 해서는 안 돼" "기운 내야지" 하고 스스로 격려함으로써 극복할 수 있는 일도 있다. 그러나 그러기를 계속하다 보면, 피로와 스트레스가 쌓여서 점점 더 견디기 힘들어진다. 하지만 "이런 일로 지면 안 되지" 하고 스스로를 몰아붙이며 안간힘을 쓰다 보면, 정신적으로나 육체적으로나 더욱 고단해진다.

스스로도 "이제 한계에 온 거야" 하고 여겨질 때, "우는소리 좀 해도 괜찮아요"라는 말을 해주면, 갑자기 눈앞이 확 트이는 느낌이 든다.

어떤 때든 약한 소리, 우는소리를 해서는 안 된다고 믿고 있던 것이 스스로를 더 힘겹고 고통스럽게 만들었던 거라는 사실을 깨닫게 되기 때문이다.

> **인생이란 고집스럽게 열심히만 한다고 해서
> 풀리는 것은 아니다. 필요에 따라서
> 약한 소리를 할 필요도 있다**

선생님이나 직장 상사들은 "열심히 해! 열심히 하는 거야!"라는 말을 자주 한다. 그리고 어느새 사람들은 그 영향을 받아서, 어떤 일에 임할 때나 열심히, 최선을 다해야 한다고 믿어버리게 되었다.

'열심히 한다'는 것은, 자신의 의지를 실현시키기 위해 참고 견디는 것이다.

그러나 열심히 하면 할수록 힘들고 고단해지는 경우도 있다. 그런 때에 "우는소리 좀 해도 괜찮아"라는 말은 하늘의 계시와도 같은 울림으로 다가온다. "우는소리를 해서는 안 된다"는 전제를 "우는소리 좀 해도 괜찮다"라고 바꾸어 놓을 수 있다면, 자신의 고민을 다른 사람에게 털어놓을 수 있게 된다. 그래야만 정신적 평온을 되찾을 수 있다.

인생이란 고집스럽게 열심히만 한다고 해서 풀리는 것은 아니다. 필요에 따라서 약한 소리를 할 필요도 있지 않겠는가?

18
기다리고 있었어요

약속은 잡아놓았지만, 처음 만나는 사람을 대할 때에는 괜히 불안하게 마련이다. 상대방이 거만한 사람이라면 어떻게 대해야 하나, 성격이 까다로운 사람이면 어쩌지, 하고 말이다. 게다가 상대방이 자신의 이야기를 제대로 들어줄지도 걱정이 된다.

그런 걱정은 상대의 지위가 자신보다 높거나, 상대 쪽 회사가 자기 회사보다 크고 유명할 경우에는 그 만큼 더 커진다. 불안은 어느 정도 두려움과 통한다. 이쪽이 그다지 자신감을 갖고 있지 못하기 때문이기도 하다.

회사를 방문하는 도중에 길을 잘못 들거나, 교통 정체에 휘말리면 조바심은 더해진다. 내면의 평상심(平常心)이 사라져 가는 것을 스스로도 느끼게 된다.

방문한 회사 건물이나 안내 데스크가 훌륭하고, 안내 요원까지 여러 명 있을 경우라면, 지레 분위기에 압도되어 버린다. 그러나 안내 데스크에서 찾아온 용건을 말하고 자기 이름을 대었을 때, "어서오세요. 기다리고 있었습니다"라는 말을 듣게 되면, 긴장했

> **66** 지금 상대방이 어떤 말을 듣고 싶은지,
> 무얼 해주기를 바라는지를 헤아려,
> 그에 맞게 대응하자 **99**

던 마음이 스르르 풀린다.

안내 데스크의 내선 전화를 통해, 상대방이 "그렇지 않아도 기다리고 있었습니다"라는 말을 해주면 마음이 놓이고 그때까지 마음 졸이고 불안해 하던 것들이 다 날아가 버린다.

이는 가정을 방문했을 때도 마찬가지이다. 현관에서 "어서오세요" 하며 맞아들이면서, "안 그래도 기다리고 있었어요"라고 한마디 해주면, 상대방이 자신을 받아들이고 있구나, 싶어서 가슴이 뿌듯해지고 안심이 된다.

파티 같은 데에서, 아는 사람이 없어서 불안해하고 있을 때에도, "어서오세요. 기다리고 있었어요" 하고 웃는 낯으로 말을 건네주면, 기운이 솟는다.

좋은 인간관계를 유지하는 방법은, 지금 상대방이 어떤 말을 듣고 싶은지, 무얼 해주기를 바라는지를 헤아려 그에 맞게 대응하는 것이다. 그것은 자신이 원하는 것, 기뻐할 만한 일을 남에게 베푸는 것이기도 하다.

19

기분 전환 좀 해볼까요?

어떤 일을 처리함에 있어서 시간이 길어진다고 해서 반드시 좋은 결과가 나오는 것은 아니다. 미팅이나 회의가 너무 길어지면 분위기가 나른해진다. 같은 자세로 장시간 앉아 있으면 점점 지치게 된다. 실내에 많은 사람이 모여 있다 보면 공기도 탁해진다. 머리 회전도 둔해지고, 사람들 사이의 긴장감도 떨어진다.

따라서 회의를 계속해도 적극적인 토론이나 좋은 아이디어를 기대하기 힘들다. 드러내놓고 하품을 하지는 않지만, 속으로는 누구나 비어져 나오는 하품을 꾹 참고 있다.

그럴 때에는 그곳에 모인 사람들에게 새로운 활력이 필요하다.

"상쾌한 바깥 공기를 마시면서 기분 전환 좀 해볼까요?" 하고 창문을 열어 보자. 그때까지 무겁게 고여 있던 공기가 싸악 날아가 버린다. 창문을 열고 나서야 비로소 알게 되는 것은, 아무리 냉온방이 잘 드는 실내라도 인간의 피부에는 바깥 기운이 더 기분 좋게 느껴진다는 것이다.

좋은 아이디어나 좋은 기획은 개인의 재치 있는 발상과 사고에

> **❝** 비즈니스의 승부는, 그 일에 관련된
> 사람들이 서로 어떻게 좋은 긴장 관계를
> 유지하는가에 달려 있다 **❞**

서 비롯되는 경우도 있겠지만, 서로 이야기를 나누거나 논의를 하는 과정에서 생겨나는 경우도 드물지 않다. "백지장도 맞들면 낫다"라는 속담도 있지 않은가? 혼자서 미로를 헤매며 출구를 찾는 것보다, 여럿이서 미로를 빠져나가는 방법을 생각하면 해결책을 발견할 가능성이 높아진다.

다만 이때 필요한 것은 사람과 사람의 긴장 관계이다. 멍하니 모여 있기만 해서는 '상승 효과'를 기대할 수 없다.

생각해 보면, 비즈니스의 승부는 그 일에 관여하는 사람들이 서로 어떻게 좋은 긴장 관계를 유지해 나가는가에 달려 있다는 사실을 알 수 있다.

긴장이 풀려 해이해져 버리면 의욕과 에너지가 생기지 않겠지만, 너무 긴장하다 보면 오히려 긴장 관계에 짓눌리게 된다.

상사, 동료, 부하 직원과의 관계나 고객과의 관계를 생각해 보기 바란다. 그럴 때마다 창문을 열고 맑은 공기를 들이마시는 기분 전환이 필요하다는 것을 알게 될 것이다.

20
세상에 미천한 직업은 없어

희망하던 직장에 못 들어갔다거나, 하고 싶은 일을 못 하고 있는 사람이 있다. 그런 사람은 어딘지 모르게 불만에 차 있다. 지금의 나는 진정한 내가 아니고, 어딘가에 진정한 내가 있을 것이라고 생각하기도 한다.

심지어 현재 종사하고 있는 자신의 직업에 대해서 "이렇게 시시한 일도 없을 거야" 하고 생각하거나, 콤플렉스를 느낀다. 그렇게 되면, 심리적인 여유가 없어지면서 구석으로만 자신을 몰고 간다. 심지어 자포자기해 버리기도 한다.

그러나 처음부터 "이것이 내 천직이다" 하고 여겨지는 직업을 가진 사람은 거의 없다. 어떤 직업을 갖거나 업무를 수행해 나가는 동안에 그것을 천직이라고 여기게 되고, 혹은 이게 바로 천직이 아닐까 하고 생각되는 일을 발견하게 된다. 처음에는 마음에 안 들어하던 일이지만, "내게는 이 길밖에 없다" 하고 받아들이게 되는 사람도 얼마든지 있다.

어떤 직업이나 일을 막론하고, 나름대로의 사회적 가치 혹은 재

> **"** 누구에게나 "이것이 내 천직이다" 하고
> 여겨지는 일이 처음부터 있는 것은 아니다 **"**

미나 보람이 있는 법이다. 직업이나 일을 통해서 그것을 발견하는 것이 자기실현으로 이어지는 길이기도 하다.

미국의 16대 대통령인 링컨이 손수 구두를 닦는 모습을 본 비서가 "직접 구두를 닦으실 것까지…" 하고 말하자, "세상에 미천한 직업이란 없소. 다만 미천한 사람이 있을 뿐이오" 하고 대답했다고 한다. 말하자면 어떤 일을 시시하거나 미천하다고 여기는 것은, 시시하고 미천한 사람들이나 하는 생각이라는 말이다. 프랑스의 속담 가운데도, "직업에 귀천 없고, 사람에 귀천 있다"는 말이 있다.

세상은 다양한 일을 하는 사람들이 있음으로써 성립된다. 만약 자신의 일에 자부심을 못 갖는 사람이 있다면, 세상을 바라볼 때 이 말을 음미해 볼 일이다. 그러면 세상살이가 훨씬 편해진다.

21
오늘 일을 내일로 미뤄라

보통은 "오늘 일을 내일로 미루지 마라" 하고 말한다.

그러나 아무래도 일이 손에 안 잡히는 때라든가, 사정이 생겨서 더 이상 일을 계속하고 싶지 않은 경우도 있다.

그렇지만 "오늘 일을 내일로 미루지 마라"라고 한다면, 도저히 일손을 놓을 수가 없다. 무슨 일이 있어도 주어진 일을 해야 한다. 그 결과로 초조한 심정으로 일감을 붙잡고 있거나, 일을 건성건성 하면서 시간만 질질 끌게 된다.

그런 상황에서 일을 하면 아무래도 업무에 대한 집중력이 떨어진다. 마음이 딴 데 가 있었던 까닭에 결과적으로 일을 다시 해야하는 경우도 생긴다. 그래도 대개의 사람들은 "오늘 일을 내일로 미루지 마라"라는 말의 주문에 걸려서, 점점 피로와 스트레스에 찌들어 간다.

그러나 내일이라는 날이 어김없이 온다고 한다면 내일로 미루어도 되는 일은 내일 하면 되지 않겠는가? 물론 어쩔 수 없이 '오늘' 해야만 하는 일이라는 것도 있겠지만 "오늘 해야 할 일" 가운데,

66 가끔은 일을 뒤로 미루고 삶의 여유를 가져 보자 99

반드시 오늘 하지 않아도 될 일도 있을 것이다.

횡단보도에서 파란색 신호가 깜박거리면, 얼른 뛰어 건너야 할 것만 같다. 그러나 신호가 다시 파란색으로 바뀔 때까지 기다리면 여유 있게 건널 수 있다.

미국의 정치가이자 과학자였던 프랭클린이 한 말 중에, "내일 해야 할 일을 오늘 하라"는 말이 있는데, "오늘 일을 내일로 미루지 마라"라는 말로는 도저히 만족하지 못하는 직장인들로부터 "그렇지! 바로 이래야 해…" 하고 공감을 얻고 있는 듯하다. 하지만 다가올 시대에는 그렇게 조바심을 낼 일이 없을 것이다. 모두들 지금까지 너무 빨리 달려온 탓에, 삶의 여유를 갖고 싶은 간절한 바람을 마음속으로 품고 있기 때문이다.

시대적 상황이 변화하고 있는데도, 지금까지 통용되던 '상식'을 언제까지고 상식으로 받아들일 수는 없다. "오늘 일을 내일로 미뤄라"라는 말은 제2의 르네상스를 이끌어 가는 말이 될지도 모른다.

22

꼭 1등을 해야 하나?

누구에게나 "이 일이 내게 안 맞는 것은 아닐까?" 또는 "적성에 맞지 않는 것 같아" 하고 갈피를 잡지 못하거나, 자신감을 잃어버리는 경우가 있을 것이다.

무슨 일을 하든 먹고 살 걱정을 하지 않아도 될 만큼, 이제 우리 사회가 풍요로워졌기 때문에 이런 고민을 하게 되는 것이다.

오늘날에는 왜 일을 하느냐는 질문을 받으면, '자기실현을 위해서' 라고 대답하는 사람들이 많아졌다. 동기들보다 승진이 늦거나, 자기는 열심히 노력하는데도 성과가 오르지 않으면, "이 일이 내게 맞지 않은 건 아닐까" 하고 고민하고 그 일에 필요한 자격이나 조건을 들먹이며, "내게는 이런 자질도 없고, 저런 기술도 없어" 하며, 스스로를 비하하게 된다. 예를 들면, 자신은 입담이 좋지 못해서 세일즈 상담이 서툴다거나, 사람들에게 강하게 밀어붙이지 못한다는 이유를 끌어다붙여서, "나는 영업 체질이 아냐. 직업을 바꿀까 봐" 하고 마음먹게 된다.

필자가 잘 아는 젊은이의 경우에는, 어렵사리 희망하던 회사에

> **" 누구에게나 서툴고 익숙지 않던 적응의
> 기간이 있게 마련이다 "**

입사하였으나 반 년 정도 지나자, "이 일이 내 적성에 안 맞는 건 아닐까?" 하는 회의가 들면서 점차 자신감을 잃게 되었다고 한다.

왜냐하면 상사가 늘 "자넨 일 하는 게 영 아니야" 하고 말했기 때문이었다. 그런 말을 듣고 나서 새삼 자신보다 먼저 입사한 상사나 동료들을 둘러보면, 그들은 처음부터 그 일을 해왔기 때문에 그렇겠지만, 자신이 갖추지 못한 자질을 갖추고 있는 것처럼 보이는 게 아닌가?

그래서 선배에게 불평 반 의논 반의 심정으로 고민을 털어놓았다고 한다. 그러자 그 선배는 "자네 말은 타카노하나(일본의 스모 선수. 스모 명문가의 자제로 태어나 젊은 나이에 스모계의 최고좌인 요코즈나에 여러 차례 등극)가 아니면 스모를 해서는 안 된다는 말과 같아. 꼭 1등을 해야 하나?" 하고 말했다고 한다.

누구나 서툴고 익숙지 않은 적응의 기산은 있게 마련이다.

입장을 분명히 해주는
"한마디"

23
비즈니스는 일대일이다

자기 회사에 하청을 주는 회사 쪽 사람들을 만나기만 하면, 저자세로 나가는 사람이 있다. 왜냐하면 그 회사에서 일감을 얻는다는 생각으로 상대방을 대하기 때문이다.

하고 싶은 말도 제대로 못 한다. "납기를 좀 연장해 주실 수 없을까요" 혹은 "단가를 좀 올려 주세요"라는 말을 못 꺼낼 만큼, 상대방에게 오금을 못 펴는 것이다. "이런 말을 하면 기분 나빠 하지는 않을까" 또는 "일을 안 주는 건 아닐까" 하고 말이다.

물론 일을 발주하는 회사측 사람들 가운데는 다소 거만한 사람도 있다. 그래서 걸핏하면 "어디든 기꺼이 이 조건으로 일을 한다구" 혹은 "못하겠어? 그렇다면 다른 데다 일을 시킬 밖에…" 하고 나오는 것이다. 그러면 하청을 받는 입장에서는 "저, 그런 말씀 마시고… 오늘밤에 식사라도 함께 하시면서…" 하는 식으로 자세를 낮추게 된다. 일감을 받는 입장에서는 아무래도 태도부터 비굴해지게 마련이다.

현실적으로 볼 때, 이런 상황은 불가피하다고 말할 수도 있다.

> **비즈니스 관계에서도 좀더 자기자신과 자신의
> 입장에 대해 당당해질 필요가 있다**

그러나 새삼스럽게 들먹일 필요도 없지만, 본래 비즈니스는 일대
일의 현장이다. 품질이나 가격, 납기 등에 대해 쌍방이 합의해야
비로소 비즈니스 관계가 성립하는 것이다. 주문을 소화할 능력이
있는가에 대한 평가를 전제로 발주하는 것이며 그것은 본래부터
상하 관계가 아니다.

교섭뿐만 아니라 인간관계에 있어서도, 때와 장소에 따라 한걸
음 물러나는 것이 필요할 때도 있다. 그러나 처음부터 물러설 필요
는 없다. 좀더 자기 자신과 자신의 입장에 대해 당당해져야 한다.

앞으로 만약 거북하거나 부담스러운 상대와 협상을 해야 할 때
에는 "비즈니스는 일대일"이라는 말을 주문처럼 외워 보자. 기분
이 훨씬 편안해지고, 적극적이 될 것이다.

24
논의의 목적이 무엇인가요?

의견이 대립되면, 논의는 지엽적으로 흐르기 쉽다.

예컨대 기업이 신제품을 출시할 때, 대대적으로 선전을 해야 한다는 의견(A파)과 판매점이나 판매 루트 확대에 힘을 쏟아야 한다는 의견(B파)이 맞서는 경우를 가정해 보자.

A파는 신제품이 출시된다는 사실을 사람들에게 널리 알리는 것이 중요하다고 주장한다. 그에 비해 B파는 판매점이 신제품 판매를 통해 더 많은 이익을 얻을 수 있는 시스템을 구축하는 데 투자해서, 판매점이 적극적으로 신제품 판매에 나서도록 해야 판매 성과를 기대할 수 있다고 주장한다.

그런데 논쟁에 열을 올리다 보면, 예컨대 "광고 효과란 무엇인가"라는 이야기가 나온다. 이에 대한 논의가 필요할 경우도 있으므로, 나쁘다고 할 것까지는 없다. 그러나 논의가 더 과열되면, "효과란 무엇인가"라는 명제에 대해 논하게 된다. 그것도 필요하기는 하겠지만, 이 경우에는 신제품 광고와는 먼 이야기가 된다.

그런데도 "본래 효과란 무슨 뜻을 가진 말인가"라는, 별 관련도

" 어느 쪽이 옳은가보다,
목적이 무엇인가가 중요하다 "

없는 추상론으로 흐르거나, 자신의 주장이 옳다는 것을 뒷받침하기 위해서 억지를 부리고 상대의 말꼬리를 잡고 물고 늘어지는 일도 생긴다.

논의를 하는 과정에서 잊어서는 안 되는 것은, 누가 옳으냐가 아니다. "무슨 목적으로 논의를 벌이는가"인 것이다.

인간관계에서도 흔히 서로 "누가 옳은가"를 논하고 주장하다가 대립과 배척, 원망이라는 결과를 초래하게 된다.

직장은 각자에게 부여된 역할을 수행하는 장소이다. 따라서 직장 내에서 원만한 인간관계를 유지하는 것도 수단이지 목적이 아니다. 횡단보도를 건널 때는 푸른색 신호가 켜져 있는 동안에 건너가면 되는 것이지, 한 사람 한 사람의 걸음걸이가 옳으니 그르니 하는 것은 아무래도 상관없는 일이다.

우리가 논의를 하거나 인간관계를 맺는 과정에서 부담을 갖게 되는 까닭은, 자신도 모르게 어디에다 역점을 두어야 할지 혼동하고 있기 때문은 아닐까?

25

바쁘니까 약속을 지키죠

"본업 외에 다른 일을 가진 사람은 마감 날짜를 못 지킬 거라고들 생각하지만, 그 반대가 아닐까요?" 하고 작가 나다 이나다 씨는 말한다.

이것은 꽤 오래 전의 이야기이다. 필자가 출판사에 근무할 때, 나다 씨를 담당했었다. 당시에 나다 씨는 집필 활동을 하면서, 알콜 의존증 환자를 치료하는 병원에 근무하고 있었다. 따라서 원고 쓸 시간이 모자랐다. 그래서 편집자인 나는 시간이 부족해서 나다 씨가 마감 날짜에 맞추어 원고를 넘겨주지 못할 것이라고 예상했다. 필자뿐만 아니라 보통의 편집자라면 거의가 그렇게 생각할 것이다.

그러나 나다 씨는 "그렇지 않다"고 말했다. "바쁘니까 약속을 지킨다"는 것이다. 그렇지 않으면 스케줄이 엉망이 되어 버리기 때문이다. 그래서 시간적인 여유가 없는 사람일수록 마감 날짜를 잘 지킨다. 아니, 마감 날짜를 못 지키면 자신이 더 난처해진다.

"사회인으로서 약속을 지키는 것은 당연하다"고 할 수 있는데,

> 가끔 예외가 용인될 수 있도록 평소에
> 성실한 근무 태도를 지켜나가는 것이 좋다

마감 날짜를 꼬박꼬박 지키는 것은 역으로 볼 때 마감 날짜를 지키지 못하게 되었을 때를 대비하기 위해서이기도 하다. 바꾸어 말하면, "여차저차한 이유로 마감 날짜를 못 지킬 것 같아요" 하고 말했을 때에, 상대방이 자신의 말을 믿어 주기를 바라기 때문이다. 즉 그와 같은 사태가 벌어져도, 상대방이 자신을 불성실한 사람이라고 여기고 불신감을 품지 않기를 바라는 것이다. 그러기 위해서는 평소에 약속을 잘 지켜야 한다.

원칙과 예외 사이에는 이러한 긴장 관계가 존재한다. 그러므로 직장 내에서나 거래처와의 관계에 있어서, 가끔 예외가 용인될 수 있도록 평소에 성실한 근무 태도를 지켜나가는 것, 그것이 바로 쾌적한 직장 생활에 이르는 길 가운데 하나이다.

26
나는 일개 말단직원일 뿐이야

　직장에는 상사라는 존재가 있어서, 상사의 지시에 따르지 않으면 안 된다. 그것이 학생 시절의 친구들 사이의 사귐과 크게 다른 점이다. 취직을 하면, 우선 그것을 분명히 자각해야 한다.

　직장인은 자신의 가치관과 상사의 가치관, 자신의 비전과 상사의 비전, 자신의 취향과 상사의 취향, 자신의 스타일과 상사의 스타일의 차이 속에서 고민한다.

　물론 일을 보다 수월하게 하기 위해 자신의 의견을 말하거나 제안을 할 수도 있다. 어떤 책에는 "상사와의 커뮤니케이션을 돈독히 해야 한다"는 식의 말이 실려 있다.

　그러나 상사들 가운데는 "왜 그렇게 해야 하나요?"라는 물음에, "그런 걸 가지고 일일이 묻고 그러나? 자넨 시킨 대로만 하면 돼" 하고 대답하는 상사도 있다.

　그러면 무슨 말을 해도 소용없다는 마음이 들면서도, 이런 식으로 나가면 직장의 존립마저 위태롭다는 위기감에 휩싸인다. 그리고 그런 갈등 속에서 새로운 고민과 불안에 사로잡힌다. 그래서

66 직장에 대한 지나치게 '두터운 정' 이
오히려 그 사람을 불행하게 만들 수 있다 99

"좋은 결과는 내 공, 나쁜 결과는 부하 탓"으로 돌리는 상사에 대한 험담이 퇴근 후의 관례가 된다.

상대방을 배려한 나머지 '친절을 베푼 것' 이 결과적으로 상대방을 더 큰 혼란과 불행으로 몰고 가는 경우도 있으며 그러한 일은 남녀 관계에만 국한된 것이 아니다.

시키는 대로만 일하는 자신의 모습이 불만족스럽고 회사의 발전에 저해가 된다고 생각하더라도 나서서 혼자 짐을 짊어질 수는 없다.

아무리 고민하고 걱정해 보았자 해법이 없는 일을 가지고 골머리를 싸매는 것은 쓸모없는 일이다. 직장에 대한 '두터운 정' 이 오히려 그 사람을 불행하게 만들 수 있다. 그러므로 만사가 다 제 일인 양 끙끙거리며 고민하느니, 자신은 일개 말단직원에 불과하다는 생각을 가질 필요도 있다.

27

상사를 두려워하지 말자

　상사의 부름을 받으면 부하 직원은 바짝 긴장을 하면서 방어 자
세에 들어간다. 보고서가 잘못된 것은 아닐까, 접대비를 너무 많
이 썼다고 트집 잡히는 것은 아닐까… 하고.

　상사가 언성을 높이기라도 하면, 야단을 맞을까봐 더 위축된다.
"자넨 영 안 되겠군"이라는 말을 들으면, 그것이 상사의 편견에 의
한 것이라도, 자신도 모르게 "죄송합니다"라는 말부터 나온다.

　상사는 조직상의 상급자이며 부하 직원을 지시하고 감시하는 사
람이기 때문에, 부하 직원은 가능한 한 상사를 거스르지 않으려고
한다. 아니, 거스르지 않으려고 한다기보다, 상사에게 맞서거나
반론을 펴다가 미운털이 박히지나 않을까 두려워하는 것이다.

　그래서 다소의 부조리나 불합리에 대해서는 눈을 감아 버리고,
"강한 자에게는 숙여라"라는 생각을 갖게 된다. 그래야만 조직 내
에 풍파를 일으키지 않는다는 것을 경험이나 학습으로 체득해 버
린 사람도 많다.

　그러나 부하 직원이 참고 입을 다물고 있으면, 상사가 부하 직원

상사라는 이유로 무조건 위축되지 말고 당당하고 자신감 있게 대하라

을 얕잡아보는 경우도 생긴다. 사람이란 브레이크를 걸거나 질책하는 사람이 없으면, 점점 타성에 젖어들어 제멋대로 굴기도 하고, 횡포를 부리게 된다.

이렇게 해서 조직에는 무사안일주의가 만연하고, 부하 직원은 갈수록 힘들어지는 것이다.

이럴 때 요구되는 것은 상사를 두려워하지 않는 자세이다. 설명이나 주장을 할 때는 "분명한 근거를 내세워 논리정연하게" 밀어붙여야 한다. 예를 들어 택시비가 많이 나왔다고 추궁하면, "고객을 모셔다 드리느라고 택시비가 좀 많이 나왔습니다" 하고 대답하고, 왜 지금까지 거래하던 발주 업체를 다른 곳으로 바꾸었느냐고 물으면, "비용을 줄이기 위해서입니다" 하고 명료하게 대답하면 된다.

상사라는 이유만으로 심리적으로 대등한 입장에 서지 못하고, 상사 앞에서 위축되었던 사람들이여, 자신감을 가지자!

28
각자의 담당을 정하죠

각 부서에서 회의로 결정된 일을 두세 명씩 조를 짜서 담당하는 경우가 있다.

그렇게 되면, 다음 순서는 각자가 어느 부분을 맡을지를 정하는 것이다. 이것은 A씨, 이것은 B씨, 이것은 C씨, 이것은 D씨가 맡을 부분이라고 말이다. 또는 이것은 A씨와 C씨가 함께 맡고, 이것은 B씨와 D씨가 함께 맡도록 하자고 결정하는 경우도 있다. 업무에 따라서는 혼자보다 둘이서 함께 하는 것이 나은 경우도 있기 때문이다.

그런데 사람들이 C씨와는 함께 일하기를 꺼린다. C씨는 사람은 나쁘지 않은데, 일이 느리고 일 마무리가 시원찮은 데다가, 회의 시간을 잘 안 지킨다고 하여 평판이 나쁘다.

이런 C씨와 조를 이루어야 하는 A씨와 B씨는 어쩌면 좋을까?

A씨와 B씨가 이제까지 C씨와 함께 일을 해본 적이 없고, "C씨의 업무 태도를 못마땅하게 여기는 사람들은 C씨를 비판하기만 하지, 구체적으로 이런저런 주문을 하거나 지시를 하지 않았던 데

> **공동으로 일을 해야 할 경우에는 서로의
> 능력을 보완할 수 있는 방법을 생각해 보자**

원인이 있다"고 생각한다면, "아무튼 함께 일해 보자" 하고 나설
것이다.

그러나 C와 일해본 적이 있어서, C씨와 같은 조가 되면 부담만
된다고 생각하는 경우도 있을 수 있다. 그럴 때에는 예컨대 두 사
람에게 주어진 일이 인터뷰와 거래처 방문이라고 한다면, 인터뷰
는 A씨가 맡고 거래처 방문은 C씨가 맡는 식으로 업무를 나누어,
결과에 대해 공동으로 책임을 지지 않는 식으로 하자고 제안하면
된다.

말하자면 각자의 담당을 정하는 것이다. 그래도 공동으로 일을
해야할 경우에는, 서로의 능력을 보완할 수 있는 방법을 생각해
보자. 예를 들면 외향적인 사람은 외근을 담당하고, 내향적인 사
람은 사무적인 일을 담당하든가, 일의 속도가 빠른 사람은 전반부
를 담당하고 느린 사람은 후반부를 담당하고(거꾸로도 가능하다),
순발력은 있지만 지구력이 없는 사람은 체력에 자신 있는 사람과
조를 이루는 식의 업무 분담은 어떨까?

29
전문가는 인간관계에 개의치 않는다

일을 잘하는 사람은 어딜 가든 환영받는다. 따라서 일을 잘한다는 것은 직장 내에서 좋은 인간관계를 유지하는 기본이 된다.

물론 일을 잘하는 사람 가운데도 직원들과 원만히 지내지 못하는 사람이 있다. 그러나 일을 못해서 사람들에게 짐이 되는 사람치고 직장 내 인간관계가 좋은 사람은 없다. 즉 유능하다는 것은 직장 내에서 좋은 인간관계를 유지하기 위한 충분 조건은 아니지만, 필요 조건으로는 작용한다.

따라서 우리 모두 자신이 맡은 분야에서 전문성을 갖추어야 한다. 그렇게 되면 자신이 원할 경우 직장을 옮길 수도 있다. 직장을 옮기거나 직업을 바꿀 수 있다는 것은, 새로운 인간관계에 적응할 수 있다는 것을 뜻한다. 이렇다할 전문가적 자질을 갖추지 못하면, 인간관계에 얽힌 문제로 곤란에 부딪힌 경우에도 다니던 직장을 그만둘 수가 없다.

필자는 학생들에게 늘 "전문 분야를 가져라" 하고 강조한다. 왜냐하면 이렇다할 전문 분야가 없는 사람에게는 연령이 높아짐에

> **66** 전문가가 되면 직장이나 인간관계의 문제에서
> 좀더 많은 가능성을 가질 수 있다 **99**

따라 취업의 기회가 줄어들기 때문이다.

A와 B의 인간관계는 고정된 것이 아니다. 그것은 여러 가지 요소에 따라 변하는 것이지만, 연령도 커다란 요소이다. 예를 들면, 20대의 사람에게는 "잠시 심부름 좀 다녀오지" 하고 가볍게 부탁할 수 있지만, 30대, 40대에게는 부탁하기 어렵기 때문이다. 그래서 일정 연령이 되기 전에, 주위 사람들로부터 "이 일이라면 T씨에게 맡기는 게 좋아" 하고 인정받을 필요가 있다.

어떤 기술을 가진 회사가 세계에서 D사밖에 없다면, 지구 반대편에서도 주문이 올 것이다. "이 건이라면 U씨에게 맡겨야 한다"고 인정을 받게 되면, 누구나 그 사람을 찾을 것이다. 그렇게 되면, 사람들은 그 사람에 대해 나름의 배려를 할 테고, 그러면 그리 언짢은 일은 겪지 않아도 될 것이다.

솜씨 좋은 전문가가 인간관계에 그다지 신경을 쓰지 않는 것도 이와 같은 이유 때문이다.

30
이곳에서는 이렇게 해주세요

여성 국회의원이 몇 명이라느니, 여성 장관이 몇 명이라느니 하는 이야기가 화제에 오르는 것은, 여전히 그런 지위에 오르는 여성의 수가 적다는 말이다. 그러나 근래 들어 여성의 사회 진출이 두드러지고 있다. 그래서 당연한 일이지만, 많은 부하 직원을 둔 여성도 드물지 않다. 그런 가운데는 여성 상사가 젊고, 부하 직원인 남성의 나이가 훨씬 많은 경우도 있다.

그런 커리어우먼 가운데 한 사람이 "나이가 많은 사람들이 생각처럼 일을 해주지 않는다"고 고민을 털어놓았다.

요컨대, 베테랑들은 자신이 유능하다고 생각하고, 이제까지 해온 방법대로 일을 하려고 한다는 것이다. "이런 방법으로 해달라"고 말해도, 말한 대로 하지 않고 자기 스타일을 고집한다는 것이다.

베테랑들은 자신의 방식과 다른 방식으로 일을 하라는 지시를 받으면 자존심이 상할 수도 있다. 그러나 일의 방식도 자꾸자꾸 변화하기 때문에, 새로운 방식을 적극적으로 받아들여 주었으면

66 자신의 방법만 고집하는 사람에게는 이곳의
룰을 지켜달라고 분명하게 강조하자 99

좋으련만, 좀처럼 따라 주지 않는다.

파견 사원이나 도중에 입사한 사람 가운데도, 언제까지나 자기 스타일을 바꾸려고 하지 않는 사람이 있다. "그렇게 하는 게 아니라, 이렇게 해줘요" 하고 말하면, "왜 그런 거죠?"라며 의아한 표정을 짓는다. 불만에 찬 얼굴은 "이제까지 이렇게 해왔어요" 또는, "예전 회사에서도 이런 방식으로 했었는데, 왜 안 되는 거죠?"라고 대변하고 있다.

이런 반응을 보이는 사람에게는, 새로운 방식이 더 빠르고 효율적이라고 설명해서 납득시키려는 생각은 접어야 한다. 자기 스타일만 고집하는 사람은, 다른 사람이 뭐라고 하건 자신에게는 그 방법이 최고라고 믿고 있기 때문이다.

그런 사람들에게는 "당신의 방식은 그럴지도 모르지만, 이곳에서는 이렇게 해주세요. 그게 이곳의 룰입니다" 하고 분명히 말하는 것이 좋다. 그것이 윗사람의 역할이고 할 일이다.

31
"에헴" 하고 헛기침을 하라

화장실에 들어가 있는데 사람들이 들어와서는, 화장실 안에 자신들밖에 없다고 생각하고, "A씨와 B씨의 이야기 알고 있니? 사귀고 있대", "그 건은 어떻게 됐어?" "글쎄, 아직 발표 단계는 아닌데…" 하고 소문이나 업무에 관한 이야기를 하는 경우가 있다.

본래 그런 이야기는 큰 소리로 해서는 안 되지만, 주위에 사람이 없다고 생각한 탓인지 뜻밖에 큰 소리로 말한다. 주위가 조용하므로, 보통 때처럼 말해도 잘 들릴 수도 있다.

그럴 때에는 두 가지 선택이 가능하다.

하나는 소문이나 험담, 업무 이야기를 잠자코 듣는 것이다. 운이 좋으면 한두 가지 새로운 정보를 얻을 수 있을 것이다.

목소리를 들어보아, 이야기하는 사람이 자신이 잘 아는 사람일 경우라면, "그 사람은 이런 말투로 이야기를 하는군" 하고, 자신을 대할 때의 말투와 다른 점을 발견할 수도 있으리라.

두 번째 선택은 이야기를 나누고 있는 사람들에게 자신의 존재를 알리는 것이다. 쓸데없는 이야기는 듣지 않는 편이 좋다는 판

> **66** 몰라도 될 일은 모르는 편이 좋다.
> 고민거리를 안겨주는 인간관계를
> 굳이 끌어안을 필요는 없다 **99**

단이거나, 엿듣는 것은 좋지 않은 행동이라고 생각하는 자존심 때문이다. 물론 두 번째 선택을 결심하기까지는, 듣고 싶은 마음과 듣지 않겠다는 마음이 갈등을 일으킬 것이다. 우연히 그 이야기가 자신에 관련된 것인 경우에는 특히 더 그렇다.

그렇지만 "에헴" 하고 헛기침을 하는 까닭은, 들어서 기분이 언짢아지기보다 차라리 듣지 않는 것이 낫다고 생각하는 마음이 강하기 때문이다.

인간관계에서, 어떤 사람에 대해 한번 품게 된 불신감은 좀처럼 씻어내기 힘들다. 몰라도 될 일은 모르는 편이 좋다. 화장을 한 얼굴로 대하는 사이라면, 화장 아래 감춰진 맨얼굴은 몰라도 된다. 고민거리를 안겨주는 인간관계를 굳이 끌어안고 있을 필요는 없다.

"에헴" 하고 헛기침을 하고 나면, 한결 기분이 나아진다.

32

미안하지만, 먼저 가세요

함께 가자고 하지도 않았는데 늘 따라붙는 사람이 있다. 예를 들면, 점심 먹으러 가자는 이야기를 하고 있으면, "나도 갈래" 하고 따라나선다.

자신들에게 친근감을 가지고 있기 때문에 그렇게 따라붙는다는 사실은 안다. 그렇지만 자기들끼리 이런저런 이야기를 나누고 싶을 때도 있고, 정보를 교환하고 싶은 때도 있고, 또 의논할 일이 있을 때도 있다. 그래서 다른 사람이 끼어 들면 곤란한 경우도 있는 것이다.

그러나 "나도 갈래" 하고 끼려는 사람에게 "안 돼!" 하고 말하기는 어렵다. 거절도 못하면서 "그 사람은 늘, '나도 가도 될까?' 하고 양해를 구하는 게 아니라, '나도 갈래' 하고 멋대로 따라나선다니까" 하고 투덜거린다.

또 모임이 끝난 후에 같이 가자는 말을 하지도 않았는데도 2차, 3차까지 따라오는 사람이 있다.

결국 그 사람은 다른 사람들과 잘 어울리지도 못하고 '이질적인' 존재가 되고 만다. 하지만 본인은 그런 것에는 개의치 않는다. 주위 사람들만 "어째서 저 사람이 여기 온 거야?"라는 눈빛으로 그를 보게 된다.

"같이 온 사람들이 다른 데서 기다리는 거 아냐?"라거나 "막차 놓치는 거 아냐?" 또는 "내일은 아침 일찍부터 출장이잖아?" 하고 싫다는 기색을 내비쳐도, 갈 생각을 하지 않는다.

예전에 필자가 근무하던 출판사에서도, 같이 가자고 권하지 않았는데 어디든 쫓아오는 걸로 작가들 사이에 유명한 사람이 있었다. 모 작가는 그 이야기를 잡지에 쓰기까지 했다. 그래도 그 사람은 전혀 달라지지 않았다.

공짜술이나 공짜밥을 기대하고 오는 사람이라면, "다음 가게에서는 더치페이야"라는 말이 효과가 있을지도 모른다. 그러나 상황 판단을 제대로 못 하는 사람이나, 타성에 젖어서 쫓아오는 사람에게는 "지금부터는 우리끼리 할 얘기가 있으니까, 미안하지만 먼저 가세요" 하고 직접적으로 말하는 수밖에 없을 것이다.

33
상황을 잘 파악하고 있군

요즘 젊은 사람들 가운데는 지시를 내리기만 기다리는 사람이 많다는 말을 자주 듣는다. 시키지 않으면 아무 일도 하지 않고, 시킨 일밖에 하지 않는다는 것이다.

예를 들면, "지금 외근을 나가야 하는데, S사로부터 전화가 오면 좀 받아 줘요" 하는 말을 남긴 뒤, 외근에서 돌아와 보면,

"S사에서 전화 왔었어?"

"왔었어요."

"뭐라고 해?"

"제품을 가능한 한 빨리 보내 달라고 말하던데요."

"그래? 그러면 제품을 보낼 준비는 해뒀어?"

"아니오."

"어째서?"

이런 상황은 드물지 않게 벌어진다. 만담에서라면, "전화를 건 사람이 뭐라고 말하는지 들어 둬", "예", "저쪽에서 뭐라던가?", "잊어버렸어요", "어째서? 그럼 곤란하잖아", "뭐라고 말하는지

> **66** 지시만 기다리는 사람에게는
> 전체 상황을 알려주고, 눈치있게 일을 처리할
> 경우에는 그것을 칭찬해 주라 **99**

들어 두라고만 했잖아요. 무슨 이야긴지 기억해 두라곤 하지 않았잖아요"와 같은 상황도 있을 법하다. 그러나 이런 태도는 사무실에서는 통용되지 않는다.

이런 상황에서 일의 흐름을 제대로 파악하지 못한다고 기막혀하고만 있을 수도 없다. 무언가를 부탁할 때에는 무엇 때문에 그 일을 하는지, 그 일을 포함한 전체 일이 어떻게 돌아가고 있는지를 알려주어야 한다.

시킨 일만 한다는 것은, 귀찮아하거나 적극성이 모자라기 때문에 그렇다고 볼 수도 있다. 그러나 나름대로 상황을 짐작하고 있어서, "쓸데없는 짓은 하지 마"라는 말을 듣고싶지 않기 때문일 수도 있다. 시킨 일보다 조금이라도 더 일을 해놓으면, 지시를 내린 사람 쪽에서도 "상황을 잘 파악하고 있군" 하고 칭찬해줄 줄 알아야 한다.

34
"알겠습니다"의 두 의미

말이란 애매모호한 구석이 있어서, 때때로 미묘한 오해가 생긴다.

협상을 할 때에 상대방이 제시한 조건에 대해, 듣는 쪽에서는 "말씀하시는 조건이 어떤 것인지는 알겠습니다"라는 의미로 "알겠습니다"라고 말했는데, 상대방은 "알겠습니다"라는 대답을 "이 조건을 받아들이겠습니다"라는 의미로 이해하기도 한다. 그래서 이야기가 어긋나게 된다.

조건을 제시한 측은 단가나 수량이 확정되었다는 것을 전제로, 서둘러 다음 단계로 넘어가려 할 것이다. 하지만 조건을 제시받은 쪽은, 앞으로 단가와 수량에 대해 서로 검토해 나가자는 뜻으로 이해하고 있다.

이런 일은 직장 내의 인간관계에서도 가끔 일어난다.

상사의 이야기를 들으며 "예", "예" 하고 맞장구를 친 것뿐인데, 그것을 동의로 받아들인 상사로부터 느닷없이 "자네, 해주는 거지?"라는 말을 듣기도 한다. 부하 직원이 어리둥절한 표정을 지으면, 상사는 "지금 자네가 예라고 대답하지 않았는가?" 하고 다그친다.

> **66** 주위에서 자신의 고민을 이해할 수 있도록
> 자신의 입장이나 심경을 정확히 표현해 보자 **99**

그러면 그 말을 받아들이는 입장에서는 허둥대게 된다. 그리고 이야기가 어긋났다는 것을 어떻게 설명하면 좋을지 일순 당황하게 된다. 그럴 때에 "알겠다고는 했지만, 동의한 것은 아닙니다" 또는 "예라고 대답한 것은 그렇게 하겠다는 의미가 아닙니다" 하고 자신의 태도를 분명히 밝히면, 엉켜버린 이야기가 정돈되고, 심적인 혼란이 수습되면서 마음이 편안해진다.

왜냐하면 두 사람 사이에 마찰이 일어난 원인이 무엇인지, 자신이나 상대방이 이해할 수 있도록 표현했기 때문이다.

이처럼 의사전달이 제대로 안 될 경우에는, 지금 어떤 일이 일어나고 있는지를 객관적으로 표현하는 말을 찾아내어 상대방에게 전달해 보자. 그러면 상대방과 공통된 입장에 서서 문제 해결의 실마리를 발견할 수 있다.

따라서 인간관계로 고민할 때에는 주위 사람들이 자신의 고민을 이해할 수 있도록, 자신의 입장이나 심경을 정확히 표현하는 말을 찾아야 할 것이다.

35
가끔은 혼자인 것이 좋다

친한 친구 사이라도 함께 여행을 하다 보면 싸움을 하게 된다. 서로 자기 고집만 부리기 때문인데, 내내 함께 있다 보면 그렇게 되기 십상이다. 까닭없이 상대방이 귀찮게 느껴지고, 혼자 있고 싶은 기분이 들게 마련이다.

늘 함께 지내다 보면 심적인 여유를 잃게 되고, 상대방을 배려하기가 어려워진다. 그렇게 되면, "성가시다", "귀찮다"는 감정이 밖으로 드러나고 만다.

그러면 상대방도 서운한 마음이 들고, 서로 감정적 마찰을 빚게 된다. 용서할 수 있는 일도 용서하지 못하게 되고, "밉살스런 녀석!", "정말 상대하고 있을 수가 없군" 하다 보면, 서로간의 거리는 멀어지고, 감정의 골은 깊어진다. 한번 부정적인 방향으로 움직이기 시작한 관계는 자꾸자꾸 부정적인 방향으로 돌아간다.

친구가 함께 장기여행을 한 것을 계기로 절교한 예도 여럿 알고 있다. 그러고 보면 신혼여행에서 돌아오자마자 이혼하는 경우도 어느 정도는 수긍이 간다.

> **"** '좋은 관계'에만 기대지 말고,
> 너무 다가가지 않도록 의식적으로
> 노력하는 자세가 필요하다 **"**

　여기서 잊어버려서는 안 되는 것은, 어떻게 하면 지금의 '좋은 관계'를 유지해 나가느냐는 것이다.

　친하다는 것만 믿고 있다가, 모처럼의 '좋은 관계'를 망쳐 버리는 경우도 있다. 해외여행을 예로 들자면, 다툼은 애초에 여행 계획에다 개별 행동 시간을 끼워 넣으려는 궁리나 지혜가 없었기 때문에 비롯된 결과이다.

　직장 상사와 부하 직원의 관계에 있어서도, 상사의 귀여움을 받고 있다고 해서 너무 상사 곁을 맴돌지 말 것. 너무 다가가지 않도록 의식적으로 노력하는 것도 필요하다. "너무 귀여워한 나머지 미움이 백 배가 된다"라는 말도 있다. 직장 내에서도 지나칠 만큼 친하게 지내던 사람들이, 오히려 어느새 사이가 틀어져 반목하는 케이스도 상당히 많지 않을까?

　친하기 때문에 더욱, "가끔은 혼자인 것이 좋다"는 한마디가 의미 있는 것이다.

36
지각한 사람이 계산하는 거야

약속 시간에 꼭 늦는 사람이 있다.

직장의 미팅이나 회의에서도 늦는 사람은 정해져 있다.

지각을 하더라도 "죄송해요, 정말 죄송합니다" 하고 말하며 들어오는 사람에 대해서는 "왜 늘 늦는 거야!", "정말 시간 관념이 없는 사람이군" 하고 생각은 하지만, 그로 인해 인간관계가 나빠지는 일까지는 생기지 않는다.

그러나 늦게 온 주제에 늦은 이유도, 죄송하다는 말도 없이 잠자코 들어와 앉아서는 "아직도 시작하지 않은 거야?"라는 표정을 짓는 사람도 있다. 그 장소에 함께 있던 사람들은, "아직 시작 안 한 거야, 라니 당신이 안 와서 그런 거잖아" 하고 쏘아붙이고 싶어진다. 그런 일이 몇 번 반복되면, 사람들의 태도도 점차 냉랭해진다.

사내 미팅이나 회의에 지각하는 사람에 대해, 상사는 엄하게 주의를 주어야 한다. "시간을 지켜야지" 하고 상사가 한마디 하면, 모두들 가슴이 후련해질 것이다.

지각을 하는 이유는 그 사람의 마음 한구석에 늦어도 된다는 생

> ❝ 늘 지각하는 사람에게는 규칙을 정해서
> 약속 시간을 어긴 데 대한 벌칙을 부과한다 ❞

각이 도사리고 있기 때문이다. 그 사람도 해외 여행을 떠날 때는 늦어서 비행기를 놓치지는 않을 것이다. 즉 지각하는 사람의 의식 속에서는, 그 회의나 약속을 가볍게 여기고 있는 것이다.

그런 사람에게는 벌칙을 부과할 수밖에 없다.

예를 들면, "지각한 사람이 계산하는 거야" 하고 미리 규칙을 정해 놓고 찻값, 식사비, 음료수비 등을 늦게 온 사람에게 부담시킨다. 회사에서라면 회의가 끝난 다음의 자료 정리나 다음 회의 장소의 예약 같은 것을 지각한 사람에게 맡긴다.

어느 기업에서는 회의 주재자인 부서의 장이 회의 시작 5분 전에 미리 도착해 있다가, 정각이 되면 열 명 가운데 두세 명밖에 참석하지 않아도 회의를 시작한다고 한다.

기다려 주지 않는다는 것을 알게 되면, 모두들 지각하지 않게 된다. 이것도 하나의 방법이다.

37
돈을 빌려주면 돈과 친구를 모두 잃는다

가벼운 마음으로 빌려준 물건이나 돈을 돌려받지 못하는 사람은 의외로 많을 것이다. 이 글을 읽고, "그러고 보니, 그 사람에게 빌려준 CD를 아직 못 받았어" 하고 기억을 떠올리는 사람도 분명히 있을 것이다.

빌려주는 것은 '준다'는 것과 달라서, 돌려받는다는 것이 전제가 되지만, 빌려준 것을 돌려받기는 힘들다.

그런 사실을 알지만 상대방이 책이나 잡지, 볼펜 같은 사소한 것을 잠시 빌려달라고 말하면 거절하기 어렵다. 하는 수 없이 "꼭 돌려줘야 해"라는 말을 덧붙여도, 결과는 마찬가지인 경우가 많다.

회사 선배로부터 선배의 친구라는 사람을 소개받은 사람이 그 선배 친구에게 돈을 빌려주었다. 그런데 선배 친구는 돈을 갚을 생각을 하지 않는 것이다. 그 남자는 "선배의 친구니까 하고 믿은 것"이고, "선배의 친구니까, 돈을 갚으라고 독촉할 수도 없다"는 생각에 혼자 끙끙 앓고만 있었다.

돈을 빌려준 지도 한참이 지나 그 선배의 친구에게 전화를 걸면,

그 때마다 "이거 미안해서 어쩌나. 갚으려고 했는데 시간이 없어서…"라는 말만 반복한다. 직접 만나서 건네주지 않더라도, 우송이나 계좌이체를 해도 될 텐데, 상대방은 "그건 실례일 거 같아서…"라고 말하니, 속이 탄다고 한다.

〈햄릿〉에는 "돈을 빌려주면 돈과 친구를 다 잃는다"는 대사가 나온다. 돈뿐만 아니라 무엇이든 간에 빌리고 빌려주다 보면 말썽이 생기게 된다. 그러므로 빌려주지 않는 것이 상책이다.

복잡한 인간관계에서 너무 상대방을 배려하려다 보면, 자기만 피로해진다. 물질적으로나 정신적으로나 지나치게 상대를 배려하는 것은 손해이다. 배려가 지나치면 인생은 고단해진다.

38
함께 총무부에 가시죠

중간 관리직에 있는 사람 중에는 부하 직원의 권리를 인정하지 않으려는 사람이 있다. 그런 사람의 머릿속에는 두 가지 생각이 들어 있다.

첫 번째는 "부하 직원은 회사 사정도 생각하지 않고, 자신의 권리만 주장한다"는 것이다. "개인의 권리보다 직장일을 우선해야 하는데도, 자기 형편만 생각하는 것이 괘씸하다"는 것이다.

그 사람은 이러한 가치관에 젖어 있기 때문에, "회사란 그런 것", "세상이란 그런 것"이라고 믿어 의심치 않는다. 그래서 부하 직원이 자기의 권리를 주장하는 것을 보면, 영 입맛이 쓴 것이다.

하기야 너무 권리만 따지고 들다 보면, 업무에 지장을 초래할 수도 있다. 일이 다 끝나지 않았는데도 "퇴근 시간이니까" 하고 귀가해 버리거나, 일이 정신없이 바쁘게 돌아갈 때에 며칠씩 휴가를 내면, 현장을 맡고 있는 중간 관리자는 실질적인 피해를 입게 된다.

따라서 그럴 때에는, "일은 다 끝내 놓고 가게", "휴가를 내서는 안 돼" 하고 싫은 소리를 하게 된다.

66 상사의 눈치만 보면서 스스로를 억압하지 말고
상사의 불합리한 지적을 공식화시키자 99

    중간 관리직이 부하 직원의 권리를 인정하지 않으려는 또 다른 이유는, 상급자나 경영자가 자신을 중간 관리직에 적임이 아니라고 여길까봐 두려워하기 때문이다. 즉 부하 직원의 권리를 인정하면, 윗사람들로부터 관리 능력이 없다는 판정을 받게 되지나 않을까 걱정을 하는 것이다.

    연차 휴가를 내거나 휴일 출근에 대한 대체 휴가를 쓰려고 하면, 잔뜩 찌푸린 얼굴을 한 중간 관리자로부터 "자네는 너무 쉬는 게 아닌가?" 하고 한 소리 듣게 된다.

    그럴 때에는 중간 관리자와 말다툼을 해보았자 결판이 나지 않는다. 용기를 내어, "함께 총무부에 가시죠. 거기서 이야기를 해요" 하고 문제를 공식화시키자. 좀처럼 꺼내기 힘든 말이지만, 일단 말을 하고 나면 마음이 후련해진다. 상사의 눈치만 보면서 스스로를 억압할 때보다 한결 마음이 편해질 것이다.

39

이 건에 관해서는 부장님께
여쭤보겠습니다

일을 하다 보면, "지금까지의 방식보다 이렇게 하는 게 더 수월하다"거나, "그 문제에 관해서는 A씨보다 B씨에게 의뢰하는 게 좋다"고 생각되는 상황에 종종 부닥치게 된다. 그럴 때 "이렇게 하는 게 좋을 같은데…" 또는 "B씨가 적임이라고 보는데…" 하고 제안을 해 보지만, 보수적인 상사일수록 부하 직원의 의견을 수용하려고 하지 않고 자기 생각을 고집한다.

그런 상사 중에는 자신이 부하 직원보다 전문적 지식이 부족하거나, 새로운 방식을 생각해 낼 능력이 없다는 사실을 부하 직원에게 들키고 싶어하지 않는 사람도 있다. 또 부하 직원의 의견에 따르는 것이 상사의 권위를 손상시키는 것이라고 생각하는 사람도 있다. 이러한 상사를 둔 부하 직원은 불만이 쌓이게 되지만 어쩔 수 없이 상사의 명령에는 따라야 한다.

실제로 부하 직원의 제안이 항상 낫다고는 할 수 없다. 그러나 자신이 좋아하는 사람과 일을 하고 싶어하고 다양한 시도를 해보고 싶은 욕심이 있는 부하 직원이라면, 어떻게든 자신이 낸 제안의 일

> **자신의 제안이 받아들여지도록
> 하고 싶을 때에는, 직속 상사보다 한 단계
> 직책이 높은 상사를 내세운다**

부라도 실현시켜 볼 방법을 찾게 된다. 그럴 때에는 그 상사보다 한 단계 직책이 높은 상사를 내세우는 것도 한 가지 방법이다. 자신의 직속 상사가 과장이라면, "이 건에 관해서는 부장님께 여쭤 보겠습니다" 하고 말해 보는 것이다.

그럴 때는 "이 건이라면, 부장님이 우리 회사에서 가장 잘 아시니까요" 하고 이유를 붙이는 것이 좋다. 일반적으로 직속 상사를 건너뛰고 그 윗자리에 있는 상사에게 의논을 한다는 것은 조직의 룰을 위반하는 것이기 때문이다.

자신의 개인적인 의견일 뿐인데도, 과장은 배후에 부장이 있는 것은 아닐까 하고 추측하게 되고, 직원의 제안을 받아들일 확률이 높아진다. 과장이랍시고 거들먹거리는 사람일수록 부장의 눈치를 보기 때문이다.

이런 비법을 써서, 자신이 원하던 일을 수월하게 실현시키는 사람도 제법 있다.

40

왜 생각한 대로 움직여주지 않을까?

상사는 부하 직원이 자신의 생각대로 일해 주지 않는다고 생각하는 법이고, 부하 직원은 부하 직원대로 상사가 자신의 업무 방식을 받아들이지 못한다고 생각하게 마련이다.

그것은 나이 든 사람이 "요즘 젊은애들은 제대로 할 줄 아는 게 아무것도 없어" 하고 생각하고, 젊은이들은 젊은이들대로 "나이 든 사람들은 컴퓨터나 휴대폰도 제대로 쓸 줄 몰라. 요즘 유행하는 노래나 가수도 모르고 고리타분하단 말이야" 하고 생각하는 것과 마찬가지다.

직장이라는 곳은 태어난 시대나 자라난 환경이 다른 사람들이 모인 곳이므로, 만사가 순조로울 수만은 없는 것이 당연하다. 학교 다닐 때 같은 학급 친구들 사이에도, "저 녀석은 무슨 생각을 하는지 통 알 수가 없단 말야"라는 말을 듣는 학생이 있게 마련이다. 연인이나 부부 사이라도, 상대방을 자신의 바람대로 움직일 수는 없다.

상사는 부하 직원이 자신의 생각대로 움직이지 않는다고 해서,

" 부하 직원이나 상사가 생각처럼
움직여 주지 않는 존재라는 것을 전제로 하면
마음이 편안해진다 **"**

"어째서 이런 일 하나 제대로 못하는 거야!", "자네 정말 대책 없는 사람이군" 하고 '무능'한 부하를 둔 것을 한탄한다. 부하 직원을 리드하려고 해도, 생각처럼 부하 직원이 잘 따라오는 것도 아니다.

그렇게 되면, 성실한 사람일수록 상심하게 된다. "왜 생각한 대로 움직여주지 않을까?", "상사로서 자질이 없는 건 아닐까?" 하고 자책하기도 한다.

사람은 쉽사리 움직일 수 있는 존재라는 전제에서 보면, 남을 움직이지 못하는 것이 자신의 자질이 부족한 탓이라는 결론에 도달한다.

하지만 부하 직원이나 상사라는 것이 생각처럼 움직여 주지 않는 존재라는 전제에 서면, 자신의 생각대로 움직이지 않는 것이 오히려 당연하게 여겨진다.

41
이름을 불러주세요

　이 이야기는 규모가 작은 편집프로덕션에서 일하는 여성에게서 들은 것이다.

　그 프로덕션은 급료가 적다 보니, 사원은 30대 여성이 중심이 될 수밖에 없었다. 베테랑 남성을 고용할 수가 없어서, 20세 전후의 남성을 아르바이트생으로 쓰고 있었는데 소위 말하는 잡일은 아르바이트생이 도맡아 하고 있었고 심부름도 그런 일의 하나였다.

　여성인 팀장은 평소에 아르바이트생에게 심부름을 시킬 때, "지금 그쪽으로 남자애를 보낼게요" 하고 전화에다 대고 말하곤 했다.

　그런 어느 날, 아르바이트생 하나가 전화 통화를 막 마친 그 여자 팀장에게, "우리를 남자애라고 부르지 마세요!" 하고, 약간 목소리를 높여 항의했다고 한다.

　순간 주위가 잠잠해지더니, 그곳에 있던 여성들이 "아, 그랬구나" 하고 남자 아르바이트생의 말에 수긍을 했다고 한다. "지금 남자애를 보낼게요" 하고 전화에다 대고 말한 여성도 "어머, 미안해요" 하고 사과했다고 한다.

> ❝ 불쾌하게 여겨지는 호칭으로 불리면,
> 다른 호칭으로 불러달라고 분명히 말한다 ❞

거기서 일하는 여성들이 깨달은 것은 무엇이었을까? 전화 통화를 한 여성이 "어머, 미안해요" 하고 사과한 이유는 무엇일까?

그것은 일하는 여성들이 '여자애'라고 불리면 불쾌한 것처럼, 남성들도 '남자애'라고 불리면 싫을 것이라고 생각했기 때문이다.

세상에는 남이 말해 주지 않으면 모르는 일도 많다. 그러므로 엄연히 이름이 있는데도 "어이"라거나 "이봐"라고 부를 때는, "이름으로 불러 주세요" 하고 말해야 한다. 물론 웃는 낯으로 말이다.

이 프로덕션에서 일하던 여성들이 "남자애라고 부르지 마세요!" 하고 말한 이 아르바이트생을 건방지다고 여기지 않았듯이 당연한 일을 당연하게 말하는 것이므로 남의 눈치를 볼 필요가 없다.

친한 사이라고 애칭으로 부르는 사람에게도, 그렇게 불리는 것이 싫으면 싫다고 분명히 말하는 것이 좋다.

42
사실은 그런 사정이 있었어요

최근 들어 늦게까지 사무실에 남아 일을 하는 사람이 있었다. 일을 열심히 한다고 상사도 좋게 보고, 본인도 "일하는 게 낙이야" 하고 폼을 잡으며 말한다.

주위 사람들이 보기에는 그것이 영 아니꼽기만 하다. 그래서 "사실은 늦게까지 회사 일을 하는 게 아니라, 혼자 남아서 다른 아르바이트 일을 하는 거래"라거나, "실은 말이지, 집에 돌아가기 싫은 특별한 사정이 있는 거야"라며 있는 이야기 없는 이야기를 다 끌어다 붙여서 쑥덕거린다. "집에서는 마누라한테 꼼짝도 못한대. 에어컨을 켤 때도 부인 눈치를 살핀다더군" 하는 소문도 흘러나온다.

하긴 소문에는 나름대로의 '진실' 이 뒷받침되어 있다.

왜냐하면 예전에 그가 동료들과 잡담을 나누면서 "난 엄청 더위를 타는 체질인데, 아내는 추위를 많이 타"라는 이야기를 한 적이 있기 때문이다. 그 이야기와 늦게까지 회사에 남아 있다는 사실을 결부시켜서, "마누라한테 꼼짝도 못하고, 에어컨도 마음대로 못 튼대"라는 소문이 생겨난 것이리라.

> **"** 눈에 보이는 사실이 전부는 아니다.
> 보이지 않는 부분을 고려하면
> 생각도 달라진다 **"**

그런데 어느 날, 술자리에서 "실은 말이지…" 하고 동료에게 털어놓은 말에 따르면, 아내가 임신해서 처가에 갔다는 것이었다. 부인이 본래 몸이 약해서 친정 근처의 병원에서 출산할 예정이라는 것이었다.

요컨대 요즘 그가 늦게까지 사무실에 남아서 일을 했던 이유는, 아무도 없는 집에 돌아가느니 차라리 사무실에 남아 일을 하는 편이 낫다고 생각했기 때문이었다. 직장 동료들은 그 이야기를 듣고서야, "뭐야, 그랬던 거야?" 하고 고개를 끄덕였다고 한다.

우리는 눈에 보이는 것만 가지고, 쉽게 남을 부러워하고 시샘한다. 그러나 눈에 보이지 않는 부분까지 시야에 넣는다면, 생각도 달라진다.

주택 융자금을 갚지 않아도 된다는 이야기를 들으면, "참 좋겠는걸" 하고 생각하시만, 부모님을 모시고 산다는 사실을 알고 나면, "어머니와 아내 사이에서 힘들겠군" 하고 생각하는 것처럼 말이다.

상황에 적절히 대응하는
"한마디"

43
네 생각이 고리타분한 거 아냐?

회사에서 도시락을 씻는 것을 보고 선배가 놀리는 말투로, "부인이 안 씻어 줘?" 하고 말해서 기분이 상했다는 이야기를 어떤 남자에게 들었다.

"그런 일로 마음 상할 거 없어."

"하지만 마음이 상하는 걸 어떡해. 그 선배는 내가 집에서 마누라한테 꼼짝도 못한다고 생각하는 거 아냐? 하지만 그런 생각은 고리타분해."

"그런 일에 신경 쓰지 말라니까. 그거야말로 세상이 고리타분한 게 아니라, 네 생각이 고리타분한 거 아니겠어?"

이런 이야기인데, 마지막 말을 듣고는 감탄을 금할 수가 없었다.

우리는 남의 말에 너무 신경을 쓴다. 상대방이 아무 말도 하지 않는데도, "이상하게 생각하는 건 아닐까?" 하고 신경을 쓰는 경우도 많다.

예를 들자면 디자인이 화려한 옷을 입고 출근한 날 상대방이 "옷 참 멋진걸" 하고 말하면 선선히 기뻐해도 될 것인데, 괜히 그

세상이 강요하는 가치관 때문에 고민하는 것은,
　　　자신이 그것에 얽매여 있기 때문이다 ❞

말에 신경을 곤두세우는 사람이 있다. 비아냥거리는 것이 아닐까
하고 말이다.

　뿐만 아니라 "출근 시간이 들쭉날쭉해서 이웃들이 이상하게 보
는 건 아닐까?"라거나, "이 나이가 되도록 결혼도 안 했다고 이상
하게 생각하는 건 아닐까?" 하고 끊임없이 고민을 하는 것이다.

　어느 날 신문의 독자 투고란에 미국 남성과 결혼한 한 일본 여성
의 글이 실렸다. 그녀의 남편은 50대인데도 60대인 그녀의 아버지
보다 더 늙어보인다고 한다. 그래서 한 살짜리 아기를 안고 있으
면, "손자가 참 귀엽네요"라는 말을 종종 듣는다는 것이다. 그러나
그럴 때마다 그녀의 남편은 "내 아이에요" 하고 말하고는 상대가
놀라는 모습을 보며 재미있어한다는 것이다.

　부모의 나이에 대한 세상 사람들의 고정관념에 신경을 곤두세우
기보다, 거꾸로 상대가 놀라는 것을 재미있어 하는 당당함이 '고
리타분한 세상'을 바꾸는 원동력이 되는 것은 아닐까?

44
선입관을 가지고 계신가요?

상사에게 불려 가서 주의를 받는 경우가 있다. 그럴 때, 부하 직원은 선선히 "죄송합니다" 하고 사과할 수밖에 없다.

"앞으로는 주의하게."

"예. 조심하겠습니다."

이렇게 되면 상황은 그것으로 끝난다.

그런데 "이런 실수를 한다는 건 딴 데 정신이 팔렸다는 증거야. 자격 시험 공부만 하니까 이런 일이 생기는 거야"라는 말을 들으면, 어이가 없어서 말문이 다 막힌다. 왜냐하면 자격 시험 공부를 하지 않았기 때문이다.

그래서 "자격 시험 공부는 하지 않았습니다" 하고 말하면, "어어, 그래? 그럼 춤바람이 난 게로군" 하고 말한다.

아무래도 이 상사는 부하 직원이 춤을 배우느라 일에 집중을 못한다고 생각하는 모양이다. 그러나 그 부하 직원은 사교댄스에 정신이 팔린 것이 아니다. 그래서 "춤추러 다니는 것도 아닙니다" 하고 대답한다.

하기는 예전에 그 부하 직원이 보험노무사 시험을 치고, 사교댄스를 배우러 다닌 것은 사실이다. 그러나 그것은 지난 일이고, 지금과는 아무 상관이 없다. 그런 사실 관계를 확인도 하지 않고, 제멋대로 실수의 원인을 추측해서, 단정지어 버리는 상사도 꽤 많다.

그런 상사에게는 "그런 말씀을 하시다니, 저에 대해 선입관을 가지고 계신가요?"라고 한마디 할 필요가 있다. 상사라고 해서, 사실이 아닌 것을 근거로 주의를 줄 권리는 없기 때문이다. 그런 경우에 상사에 대한 부하 직원의 신뢰는 단번에 무너진다.

불러서 주의를 주면서, 다른 일을 끌어다가 함께 꾸중하는 상사도 있다. 또한 지난 일을 끄집어내어 두고두고 지겹게 잔소리를 하는 사람도 있다. 그런 일을 당하면, 별 불만 없이 받아들일 수 있는 지적도 선선히 받아들일 수가 없다. 그리고 부하 직원의 마음은 상사로부터 점점 멀어지게 된다.

45
제 의견을 좀 말해도 될까요?

　자기 주장이라는 것이 "내가 말이지…" "내가 있잖아…"라는 형태로만 이루어지는 것은 아니다. "나는 정말 뭐 하나 제대로 하는 게 없어"라는 말도 자기 주장이다. "나이가 너무 많아서…"라거나, "나 같은 건 못생겨서…"라는 말은 상대방에게서 "그렇지 않아요"라는 말을 듣기를 기대하는 발언으로, 엄연한 자기 주장이라 할 수 있다.

　만약 "나이가 너무 많아서…" 하고 말하는 사람에게, "그렇군요"라고 말하고, "나 같은 건 못생겨서…" 하고 말하는 사람에게 "당신 말고도 예쁜 사람은 많이 있으니까요"라고 말한다면 틀림없이 분위기가 거북해질 것이다.

　"나 같은 건 못생겨서…"라고 말하는 사람에게는, 적어도 "그렇지 않아요" 하고 말해 주어야 한다. 그리고 가능하다면 "당신이 미인이 아니라면 어느 누가 미인이란 말이에요?"라는 말을 덧붙이는 것이다.

　대체로 자신에 대해 겸손하게 말하는 사람 중에 구제불능일 정

66 인간은 끊임없이 자기 주장을 하려는 존재이다 99

도로 형편없는 사람은 없다. 누가 보아도 일을 못하는 사람은, 남들 앞에서 자신이 일을 못한다는 이야기를 자진해서 꺼내지는 않는다. 그러니까 "당신이 무능하다면, 누가 유능하단 말예요?"라는 말이 효과를 보지 못하는 경우는 없다. 사람 감정의 이러한 미묘한 부분을 들여다보면 꽤 흥미롭다.

"내가 말이지…", "내가 있잖아…" 하고 자신을 드러내고 싶어하는 사람을 주위 사람들이 너무 나댄다고 미워하는 것은, 자신에게도 스포트라이트가 비춰지기를 바라는 사람이 그만큼 많기 때문이다. 인간이란 끊임없이 자기 주장을 하려는 존재이다.

언제까지고 자신에 대한 이야기를 그칠 줄 모르는 사람에게는 "그러세요?", "그것 참 대단하군요" 하고 일단 상대의 말에 맞장구를 쳐주고, "하지만…", "그래도…"라는 말을 꺼내어 이야기의 주도권을 뺏는 방법도 있다. 또한 "제 의견을 좀 말해도 될까요?" 하고 끼어드는 것도 한 가지 방법이다.

46
정말 그럴까요?

어느 날 TV에서 일기 예보를 보는데, 이런 일이 있었다. 아나운서가 "요즘 들어 좋은 날씨가 이어지고 있군요" 하고 말하자, 기상 예보관이 "정말로 날씨가 좋은 것일까요?" 하고 되물은 것이다.

그 질문을 받은 아나운서는 일순 허를 찔린 듯했다. 상대방이 무슨 말을 하려는지 몰랐던 것이다. 그러나 그 예보관이 "비가 내리지 않아서 공기가 건조하니까, 감기에도 잘 걸리고 또 산불도 자주 납니다" 하고 말하자, 아나운서는 "정말이군요. 맞는 말씀입니다" 하고 대답할 수밖에 없었다. 직장에 다니는 사람 입장에서는 비가 내리지 않는 날씨가 좋겠지만, 비가 내리지 않으면 불편한 일도 생긴다.

그러나 일상 생활에서는 그러한 불편함을 잘 인식하지 못한다.

그런데도 이처럼 화제가 넓혀질 수 있었던 것은, "정말로 날씨가 좋은 것일까요?"라는 질문이 있었기 때문이다.

이것이 바로 '질문 화법' 또는 '의문 화법' 이라는 것인데, 상대방에게 질문을 하거나 의문을 나타냄으로써 화제를 발전시키는

> **의문나는 것을 물어봄으로써
> 화제는 더욱 풍성해지고, 그런 가운데
> 신선한 발견을 할 수 있다**

방법이다.

이러한 수법을 일상의 대화에서도 활용할 수 있지 않을까? 상대방의 말에 맞장구를 치거나 고개를 끄덕이는 것도 대화의 기술로서 필요하지만, 그것만으로는 대화가 발전하지 않는다. 아무래도 이야기가 일방적이고 단조로워진다.

대화를 활기차게 하기 위해서는, 자신과 상대방의 공통점을 찾아내어 화제로 삼아야 한다고들 말한다.

화젯거리를 찾지 못한 까닭에, 무슨 이야기를 하면 좋을지 몰라서 대화를 기피해 온 사람이라면, 앞에 소개한 기상예보관의 예처럼, 상대방에게 질문을 하거나 의문을 던져 보라. 그러면 화제는 더욱 풍성해지고, 그런 가운데 신선한 발견을 할 수 있게 될 것이다.

47
부르면 "예" 하고 대답하자

패스트푸드 가게에서 일하는 젊은 사람들은 싹싹하게 대답을 잘한다. 그러나 일반 사무실에서 일하는 젊은이들 가운데는, 대답을 제대로 못하는 사람들도 꽤 많이 눈에 띈다.

부하 직원이 여성들뿐인 직장에 다니는 어느 캐리어우먼도, "이름을 불러도 대답을 하지 않는 사람이 있어요" 그래서 "왜 대답을 하지 않는 거죠?" 하고 물으면, "알고 있단 말예요" 하고 대답한다며 개탄했다.

이런 경우의 "알고 있단 말예요"는 "대답을 하지는 않아도, 자신을 불렀다는 것을 알고 있다"는 뜻이지, "예,라고 대답해야 한다는 것을 알고 있다"는 뜻이 아니다.

"예"라고 대답하지 않는 경우, "대답은 안 했지만, 컴퓨터 화면에서 눈을 떼어 상사를 보고 있잖아요? 그러니까 알고 있다는 거예요"라고 말하는 사람도 있다고 한다. 또한 "눈으로는 컴퓨터를 보고 있지만 이름을 불린 건 알고 있어요. 단지 예라고 대답하지 않았을 뿐이에요"라고 말하는 사람도 있다고 한다.

가정에서나 학교에서나 이름이 불리면
"예" 하고 대답하자

그런 언동은 상대방에게 반발해서가 아니라, 자기중심적이기 때문에 나온 것이다. "앞으로는 제대로 대답을 해요" 하고 말하면, 그때는 "예"라고 대답하지만, 그 뒤로도 좀처럼 제대로 대답을 하지는 않는다고 한다.

그녀는 이런 여성들에 대해 "얼굴은 예쁘지만, 대답은 예쁘지 않아요" 하고 말했다. 아마도 부하 직원들이 모두 얼굴이 예쁜 사람들인 모양이다.

그러고 보면, 집에서나 전철에서나, 입을 열면 손해라는 듯이 말하기를 귀찮아하는 젊은이들을 자주 보게 된다. 전철을 타고 내릴 때에도 "좀 내릴게요"라거나 "실례합니다"라고 한마디 하면 될 것을, 아무 말도 없이 사람을 밀어제친다.

아무튼 회사에서나 학교에서나 이름이 불리면 "예" 하고 대답하자.

48
그러니까, 결론이 뭔가요?

경제단체 연합회 4대 회장이었던 도코 토시오 씨는 부하 직원의 보고나 이야기가 길어질 경우에는 반드시 "우선 결론부터 말하게" 하고 말했다고 한다. 그리고 "이유와 설명은 내가 물으면 대답하게"라고 했다는 것이다.

비즈니스 현장에서도 장황하게 이야기를 늘어놓는 사람이 있어서, 듣는 사람을 조바심 나게 한다. 그럴 때는 도코 씨와 같이 "그러니까 결론은 뭔가요?" 하고 한마디 하는 것이 좋다.

단 이런 때에는 "결론을 말해!"라고 큰소리로 상대방을 억박지르는 것은 피해야 한다. 상하 관계의 차이가 클수록, 이야기를 하는 사람은 더욱 긴장하여 주눅이 들게 된다.

이야기를 듣고 있다가, "그런 자잘한 것은 빼고 요점만 말하게"라든가, "자네가 중요하다고 생각하는 것만 말하게"라고 중간 중간에 지시를 내리면, 분위기도 부드러워진다.

예로부터 전해져온 시나 문장의 구성법으로서, '기승전결'이라는 것이 있는데, 이것은 사건을 순서에 따라 설명하는 방법이다.

> **반드시 '기승전결'의 구조를 갖출 필요는 없다.**
> **중요한 결론부터 간결하게 설명하라**

그러나 항상 "그러니까…"라는 식으로 앞뒤를 따져가며 이야기를 하면, 바쁜 사람은 "좀더 간결하게" 하고 요구하게 되고, "결국 무슨 말인가?" 하고 묻게 된다. 현대처럼 바쁜 시대에는 과정 설명보다는 빨리 결론을 아는 것이 중요하고, 그런 다음에 필요하면 "왜 그런 결론이 나왔는가" 하는 설명을 듣는 것이 효율적이다.

미국의 유명한 컨설턴트인 바바라 민트가 개발한 '피라미드 구성법'이라는 보고서 작성법이 있다. 이것이 바로 처음에 결론을 제시하고, 그 다음에 이유를 설명하는 방법이다.

비즈니스 현장에서도 자신이 무슨 이야기를 하고 있는지 갈피를 못 잡고, 이야기를 장황하게 늘어놓는 사람이 있다. 그런 경우에는 "그러니까, 결론이 뭔가?" 하는 한마디를 던져서 장황하게 이어지는 이야기를 일단 멈추게 하자. 그러면 힘들게 이야기를 듣느라 넌더리를 내던 사람들도 마음을 놓게 된다.

49
어떻게 생각하세요?

어떤 경우에도 좀처럼 자신의 의견을 말하지 않는 사람이 있다. 의견이 없는 건지 주위 사람들 눈치를 보는 건지, 아니면 자신의 의견에 자신이 없는 건지 잘 모르겠지만, 아무튼 발언을 하지 않는 것이다.

회의나 좌담회를 주도하는 사람들 입장에서는, 구성원들이 적극적으로 발언하지 않으면 애가 탄다. 그래서 토론에 소극적인 사람들의 태도를 바꾸어 보려고 노력하게 된다. 구성원들의 이야기를 제대로 수렴한다는 견지에서 보더라도, 모임이 일부 사람들의 의견에 치우치지 않도록 구성원 모두의 의견을 두루 들어야만 한다.

일상의 업무에서도 종종 이런 상황과 마주친다. 그럴 경우에 어떻게 하면 잠자코 있는 사람들의 입을 열게 할 수 있을까?

입을 다물고 있는 사람에게는 "○○씨 생각은 어떠세요?" 하고 직접 의견을 물어 보는 것이 좋다. 그러면 그 사람은 자세를 가다듬고, "글쎄요…" 하고 이야기를 시작할 것이다.

특히 내성적인 사람이나 사람들 앞에서 이야기를 잘 못하는 사

> **"** 일을 잘하는 사람은 사람의 섬세한 감정을
> 민감하게 파악할 줄 아는 사람이다 **"**

람은, 어떤 식으로 이야기를 꺼내야 할지 모른다. 그래서 "○○씨 생각은 어떠세요?" 하고 말을 시켜 주면, 그것을 계기로 이야기를 꺼낼 수 있다.

이로써 회의 분위기가 활기를 띠게 된다면, 담당자로서의 역할을 무사히 마칠 수 있게 된다. "질문하실 것은 없습니까?", "그밖에 다른 의견은 없으십니까?"라고 말하지 말고, "○○씨 질문 없으십니까?", "○○씨 다른 의견은 없으십니까?" 하고 묻는 편이 훨씬 효과적이다.

"이름이 불렸으니까"라고 자신을 납득시킬 명분을 얻으면, 안심하고 가슴속에 두었던 의견이나 생각을 밖으로 드러낼 수 있다.

일을 잘하는 사람은 이처럼 사람의 섬세한 감정을 민감하게 파악할 줄 아는 사람이기도 하다. 적재적소라는 말처럼 적시적언(適時適言)이란 말도 일을 원만하게 풀리도록 해준다.

50
그건 무슨 뜻인가요?

이야기를 나눌 때 영어나 유행어를 써 가며, 시대의 첨단을 걷는 기분에 취해 있는 사람은 어디에서나 볼 수 있다. 직장에도 메가 컴퍼티션, 하이일드 본드, DV(도메스틱 바이얼런스), 레펑 버스 등등, 여러 종류의 새로운 단어가 등장한다.

그럴 경우, 그런 말을 모른다는 것은 상식이나 학식이 모자라거나, 창피한 일이라고 생각한다. 그래서 무슨 말인지 몰라도, "그건 무슨 뜻인가요?" 하고 질문하지 않는다. 질문을 하지 않기 때문에, 아무리 들어도 무슨 이야기를 하는지 몰라서 얼떨떨하기만 하다.

이와 비슷한 경우는 대화 속에 나오는 사람이나 회사 이름 등에서도 등장한다. 어느 집단의 대화에 설명이 곁들여지지 않고 등장하는 A라는 인물이 누군지, 그 집단의 외부 사람은 알 수 없다. 대화 도중에 들어온 사람에게 미리, "A씨는 이런저런 사람입니다" 하고 가르쳐 주든지, 혹은 대화 도중에 들어온 사람이 "A씨는 어떤 사람인가요?" 하고 질문할 수밖에 없다.

그러나 이것은 그리 쉬운 일이 아니다.

모르는 것이 있을 때에는 눈치 보지 말고 용기를 내어 질문하자

신입사원이거나 프로젝트에 새로 참여한 사람이라면 모르는 것이 많을 것이다. 그러나 사람들 눈치를 보느라 다 알고 있다는 표정을 짓고 있다 보면, 자신만 점점 더 힘들어진다. "만약에 A씨에 대해서 물어 보면 어쩌지?"라는 생각을 하면, 심리적으로 위축될 수밖에 없다. 지루하지만 의미 없는 웃음을 지으며, 적당히 분위기를 맞추다 보면 신경만 소모된다.

그럴 때에는 솔직하게 "그 사람은 어떤 사람인가요?" "그건 무슨 뜻인가요?" 하고 질문을 하자. 그 한마디로 더 이상 사람들의 눈치를 보며 거북하게 앉아 있지 않아도 된다. 신입사원이기 때문에 눈치가 보여서 묻지 못 하는 것이 아니라, 신입사원이기 때문에 오히려 눈치를 보지 않고 물어볼 수 있는 것이다.

용기란 자신의 의문을 솔직하게 표현할 수 있는 것이다. 용기 있는 사람일수록 사소한 의문점도 질문할 수 있다.

51
오늘은 또 어디가 아픈 거야?

누구에게나 얼굴만 마주치면 "귀에서 이상한 소리가 나는 거 같아"라거나 "아침부터 머리가 아파" 혹은 "요즘 심장이 안 좋아" 하고 말하는 사람이 있다.

그런 말을 들으면, "그거 참 딱하게 됐네", "괜찮아요?", "건강 조심하세요" 하고 말하게 된다. 하지만 그 사람은 귀에서 이상한 소리가 난다면서 출퇴근할 때 CD를 듣는다. 머리가 아프면 약을 먹으면 될 텐데, "아니, 그렇게 심하진 않아요"라거나 "부작용이 걱정되서…", "알레르기를 일으켜요" 하고 약을 먹으려 들지 않는다. 아무래도 몸이 안 좋다는 것을 핑계 삼아, 주위 사람들의 관심을 끌고 싶은 것 같다.

그런 사람이라는 것을 알게 되면, 처음처럼 걱정하지 않게 된다. 그렇지만 이야기 도중에 "앗, 심장이 아파" 하고 말하면, "괜찮아?" 하고 말해 줄 수밖에 없다. 이런 일이 되풀이되면, "정말이지 그만 좀 할 수 없어!" 하고 소리라도 지르고 싶은 기분이 든다. 그런 사람에게는 "요즘 세상에 한두 군데 안 아픈 사람이 어디 있어요?"

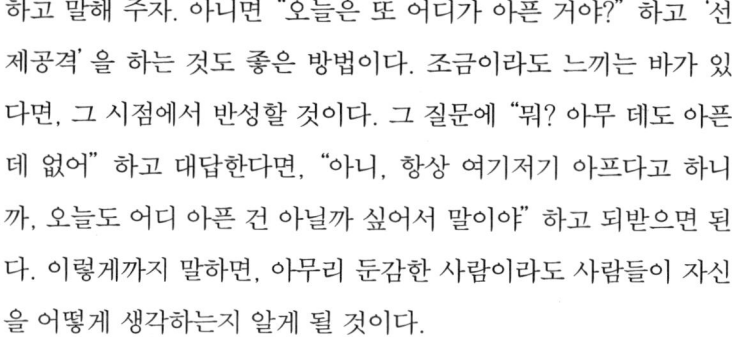

> **좋은 인간관계를 유지하기 위해서는,**
> **서로의 버릇을 지적해 주는 것도 필요하다**

하고 말해 주자. 아니면 "오늘은 또 어디가 아픈 거야?" 하고 '선제공격'을 하는 것도 좋은 방법이다. 조금이라도 느끼는 바가 있다면, 그 시점에서 반성할 것이다. 그 질문에 "뭐? 아무 데도 아픈데 없어" 하고 대답한다면, "아니, 항상 여기저기 아프다고 하니까, 오늘도 어디 아픈 건 아닐까 싶어서 말이야" 하고 되받으면 된다. 이렇게까지 말하면, 아무리 둔감한 사람이라도 사람들이 자신을 어떻게 생각하는지 알게 될 것이다.

얼굴만 마주쳐도 여기가 아프다, 저기가 안 좋다고 하고 말하는 것도 일종의 버릇이다.

버릇이라는 것은 남이 지적해 주지 않으면 스스로 깨닫기 힘들다. 자신이 어떤 식으로 말하고 행동하는지에 대한 지각이 없으므로, 상대방이 어떻게 여기는지 생각이 미치지 않는다. 그런 까닭에, 좋은 인간관계를 유지하기 위해서는 서로의 버릇을 지적해 주는 것도 필요하다. 물론 공격, 비난, 빈정거림보다는 유머가 효과적이다.

52

당신은 데이트도 안 해요?

남자나 여자나 사랑을 한다. 주간지나 TV 드라마에는 숨겨진 사랑, 들통난 사랑, 짝사랑, 용서받지 못할 사랑, 남의 애인을 빼앗는 사랑, 성숙한 사랑, 기적의 사랑… 등으로 가득하다.

남자와 여자에 관한 있는 일 없는 일이 여기저기서 화제에 오르고, 그런 소문을 가지고 이야기꽃을 피우고 있으면 사람들이 모여든다. 그러다 보면 소문에는 과장이 붙고, 일부분이 부풀려지고 과장되어 사방팔방으로 퍼져나간다.

직장 내에서도 남자와 여자에 관한 소문은 끊임없이 떠돈다.

"그래도 남의 입에 오르내릴 때가 좋다"거나 "나쁜 소문보다 나쁜 것은, 아무 소문도 나지 않는 것이다"라고들 하지만, 평범한 사람들에게 있어서 소문의 주인공이 된다는 것은 달갑지 않은 일이다.

"어머, 굉장한데" "그거 정말이야?" 하고 사람들이 흥미진진해하는 화제에서는, 데이트를 하거나 연애를 하는 사람들이 '해서는 안 되는 일', '특별한 일', '망측한 짓'을 몰래 숨어서 한다는 이미

> **❝** 소문의 주인공이 되더라도 초연하고 당당하게
> 대처하면 소문은 곧 수그러든다 **❞**

지가 묻어나기 때문이다.

"K씨와는 어떤 관계예요?" 하고 스캔들에 휘말린 연예인에게 마이크를 들이대는 텔레비전 리포터의 머릿속도 그런 생각으로 가득하다. 그런 장면을 보고 있으면, 왜 "당신은 연애해 본 적도 없어요?" 하고 되묻지 않는지 의아스럽다.

직장에서도 "M씨와 데이트 했다던데, 정말이야?" 하고 물었을 때, "뭐? 아니, 그런 적 없어" 하고 대답을 하면, "당황해서 대답을 못하는 걸 보니, 더 수상한데"라는 반응을 보이게 되고, 소문은 눈덩이처럼 자꾸자꾸 불어난다.

그런 질문을 받았을 때에는, "당신은 데이트도 안 해요?" 하고 되물어주면 된다. 그러면 오히려 상대방이 움찔해서 대답을 못하게 될 것이다. 그렇게 되면 소문도 서서히 시들해져 간다.

53

그래요, J씨 정말 미인이죠?

소문의 내용을 크게 나누면, 다음 세 가지를 들 수 있지 않을까?

① 세상 살아가는 이야기

② 관심이나 흥미가 있는 사람에 관한 이야기

③ 망상이나 욕망, 불안이 전이된 이야기

①은 TV나 신문에서 알게 된 것이나, 주변에서 일어나는 사건에 관한 이야기이다. 사회와 관련된 이야기도 있고, 가정에 얽힌 이야기도 있고, 개인적인 이야기도 있다. 때로는 이러한 화제로 이야기 꽃을 피우지만, 대개는 그런 이야기를 했다는 사실조차 금방 잊어버린다. 신문의 일면에 실린 기사를 보고, "어머나!", "굉장한데", "큰일인걸" 하고 호들갑을 떨다가도, 다음날이면 전날 신문 일면에 무슨 기사가 실렸었는지 기억하지 못하는 것이나 마찬가지다.

그래서 자신이 '소문의 주인공'이 되더라도, ①의 범주에 드는 경우라면 부끄러워하거나 움츠러들 필요는 없다. 그런 소문 때문에 마음이 불편해질 일은 생기지 않을 것이기 때문이다.

내용이 ②인 소문은 잘못 옮기면, 사실과는 다른 터무니없는 이

> **66** 소문에 당당히 맞서면
> 상대방도 꼬리를 내리고 더이상의
> 스토리를 전개시키지 않는다 **99**

야기가 퍼지거나 오해를 사게 된다. 그리고 그런 소문이 '소문의 주인공'에 대한 선입관으로 작용하게 된다.

어떤 사람이 품고 있는 '관심과 흥미'에는 긍정적인 것과 부정적인 것이 있다. 그런데 긍정적인 것이든 부정적인 것이든 관심과 흥미가 강할수록 소문은 더 무성해지는 성질을 가지고 있다. 그 결과 호의나 존경을 가진 사람에 관한 소문이건, 악의와 경멸을 품고 있는 사람에 관한 소문이건, 소문에는 반드시 각색이 더해진다.

어느 쪽이든 달갑지 않은 이야기지만, ②의 경우의 대책으로는, 일부러 모르는 척 하는 것이 효과적이다. 변명을 하면 그것이 새로운 불씨가 된다.

③은 자신의 호기심이나 욕망의 발산 방법으로, "S와 J가 그렇고 그런 사이래"와 같은 소문을 퍼뜨리는 것이므로, 당사자가 곤혹스러워힐수록 망상을 부풀릴 수 있다. 그러므로 "그래요. J씨 정말 미인이죠?" 하고 당당하게 나가면, 상대방도 꼬리를 내리고 스토리를 전개시킬 의욕을 잃게 된다.

54
그 녀석은 우리 부서의 혹이야

현대는 치열한 경쟁의 시대이다. 특히 비즈니스 세계는 경쟁의 연속이어서, 약육강식과 우승열패라는 밀림의 법칙이 판을 친다. 약한 자는 강한 자의 먹이가 되고, 경쟁에 진 사람에게는 아무도 눈길을 주지 않는다.

직장에서도 무능하고 아무짝에도 쓸모없는 사람이라고 판단되면, 가차없이 감원 대상에 오른다. '이긴 팀'과 '진 팀'으로 나뉘어, 시대의 변화에 부응하지 못하는 사람은 잘려나가도 하는 수 없다는 것이 시대 분위기이기도 하다. 그래서 사람들은 경쟁에서 지거나, 시대에 뒤떨어지지 않으려고 안간힘을 쓴다.

그런데 아무리 노력해도 좋은 결과를 얻지 못하는 사람도 많이 있다. 좋은 기회를 못 만난 사람이나 운이 나쁜 사람도 있겠지만, 시대에 적응하는 능력이 없는 사람도 있다. 좋은 기회를 못 만난 사람은 기회를 기다릴 수 있다. 운이 나빴을 뿐이라면 언젠가 행운이 찾아올 수도 있다. 그런 의미에서 희망은 있다. 그러나 시대에 적응하는 능력이 없는 사람에게는 희망이 없다.

치열한 경쟁의 시대인 현대에는 시대에 적응하는 능력이 중요하다

어느 직장에나 적응 능력이 없는 사람은 있을 것이다. 회사는 영리를 추구하는 조직이지 자선사업을 하는 곳이 아니다. 따라서 적응 불능자를 잘라낸다고 해서 고통을 느낄 리 없다. 그러나 잘려나간 사람은 어쩌면 좋은가? 사람은 누구나 태어나고 싶어서 태어난 것이 아니다. 재능이나 능력이라는 것은 학습하고 개발하고 노력한다고 해서 똑같아질 수는 없다.

그런데도 사람들은 몸이 부자유한 사람에게는 친절해야 한다고 말하면서도, '머리가 부자유한 사람', 즉 시대에 적응할 능력이 없는 사람에게는 냉담하다. 직장에서도(상대적으로) 무능한 사람이 먼저 잘려나간다. 고약한 직장내 집단따돌림도, "그 녀석은 우리 부서의 혹이야"라는 의식에서 생겨나는 것이다. 잘려나간 사람이 다른 사람이라면 "하는 수 없지"로 끝날 수 있겠지만, 그것이 자신이라면 어떨까?

신체의 불편을 교정하는 것처럼, 굳어있는 머리도 개선하여 시대에 적응할 능력을 키울 필요가 있는 것이다.

스스로 용기를 북돋우는
"한마디"

55
이렇게 했으면 좋았을 걸

광고 대리점에 근무하는 사람이 클라이언트와 함께 지방으로 출장을 가게 되었다. "비행기표는 제가 가져갈 테니까, 공항에서 만나죠" 하고 약속을 하고, 약속 시간에 맞추어 공항에 도착해서 얼굴을 마주한 순간, 클라이언트가 "왜 늦은 거죠!" 하고 화를 냈다고 한다.

깜짝 놀라서 항공권을 보니, 두 사람이 탈 비행기 시간까지는 아직 꽤 여유가 있었다. 하지만 이야기를 나누다 보니, 클라이언트에게 연락한 시간이 잘못된 것을 알게 되었다고 한다.

왜 그런 일이 생겼는지 알아 보니, 클라이언트 쪽 사정으로 예정이 두세 번 바뀌어, 변경된 시간과 변경되기 전 시간이 뒤죽박죽이 되어 버린 것이었다. 최종적으로 결정된 시간을 연락했다고 생각했는데, 두 번째로 변경된 시간으로 연락하고 만 것이었다.

그러나 뒤에 가서 "그렇게 했었어야 했는데" 하고 아무리 반성하고 후회한들 지난 일을 돌이킬 수는 없다.

우리 주변에는 "이렇게 했으면 좋았을 걸" 하고 후회하는 일이

> ❝ 과거와 타인은 바꿀 수 없지만
> 자신과 미래는 바꿀 수 있다 ❞

수없이 많다. 여러 분야에서 베테랑이라고 일컬어지는 사람들조차도 마찬가지 생각을 할 것이다.

다만 그런 사람들은 실수한 것을 가지고 두고두고 곱씹지 않는다. 실수는 실수로 담담히 받아들일 수밖에 없다는 지혜를 가지고 있는 것이다.

"…했으면 좋았을 텐데"라거나 "…했으면 성공했을 텐데" 하고 불평을 늘어놓으며 자책만 하다 보면, 언제까지고 머릿속은 '실수'에 대한 자책으로 가득하고, 좀처럼 '실수'에서 헤어나지 못한다.

인간은 시시각각, 시간의 흐름을 좇아 살아간다. 따라서 앞으로 펼쳐질 미래를 바라보고 사는 것이 자연스럽다.

과거와 타인은 바꿀 수 없지만, 자신과 미래는 바꿀 수 있다. 뒤에는 미래가 없으므로, 앞을 향해 걸어가자. 사람은 앞을 향해 걸어갈 때 비로소 마음의 평안을 얻을 수 있다.

56
제법 많이 해놓았네

유원지나 놀이공원 같은 곳에 가면, 길게 줄이 늘어서 있는 경우가 있다. 끄트머리에 붙어 서 있으면, 좀처럼 줄이 줄어들지 않아서 조바심이 난다. "아직 멀었어?" 하고 목을 길게 빼고 앞을 보면, 순서를 기다리는 사람은 엄청나게 많고, 아무리 기다려도 자신의 차례가 돌아오지 않을 것 같아 안달을 한다.

그럴 때, "좀 보라구, 우리 뒤에 서서 기다리는 사람이 저렇게 많아" 하고 일행 중의 누군가가 말한다. 그 말을 듣고 나면 비로소 "우와, 내 뒤로 줄을 선 사람도 저렇게 많구나!" 하고 깨닫게 된다. 그렇게 자기 뒤에 서서 기다리는 사람들을 확인하고 다시 앞을 쳐다보면, 조금씩이기는 하지만 확실히 줄이 앞으로 나아가고 있다고 느껴진다. 그러면 "아직 멀었어" 하던 것이 "조금만 기다리면 돼"로 바뀌고, 줄을 서서 기다린다는 것이 전처럼 고통스럽게 느껴지지는 않는다.

아무리 해도 일이 마무리되지 않을 때면, "이것도 해야 하는데", "그 사람과도 약속이 되어 있는데" 하고, 앞으로 해야 할 일만 헤아

자신이 할 수 있는 일, 해 놓은 일을 헤아려 보면, 자신감이 생겨난다

리게 되는데, 그럴 때에는 지금까지 끝낸 일에다 눈을 돌리자. 그러면 "제법 많이 해놓았네" 하고 생각하게 된다.

직장 내에는 선배나 상사가 많이 있다. 그들 중에는 무슨 이야기를 하든 대뜸 "자넨 아직 멀었어" 하고 말하는 사람도 있다. 말로 표현하지는 않지만, 그런 태도로 대하기도 한다. 그런 태도를 계속 접하다 보면 좀처럼 자신감을 갖지 못하게 된다.

그러나 곰곰이 생각해 보면, 자기 아래로도 후배나 부하 직원이 있다. 그쪽에다 초점을 맞추고 자신을 보면, 그럭저럭 일도 잘하고 있고, 부하 직원에게 적절한 지시도 내리고 있는 자신을 발견하게 된다. 나름대로 업무능력도 향상되고 있고, 이런저런 일에도 도움을 주고 있다. 이렇게 꼽아 보면, 자신도 제법 쓸모있는 사람이라는 사실을 깨닫게 된다.

이런 것들을 하나하나 꼽다 보면 어느새 자신감도 생기고 인간관계에 얽힌 고민거리의 대부분은, 자기 그림자를 보고 지레 겁을 집어먹은 데서 생겨난다는 사실도 알게 될 것이다.

57
적당히 맞추면서 살지 뭐

    신문의 인생 상담란에 "이웃에 사는 사람들이 이런저런 트집을 잡고 간섭하려 들어서 정신적으로 고통을 겪고 있다. 무슨 좋은 방법이 없겠는가?"라는 내용의 질문이 실린 적이 있다.

    그에 대한 답으로서 상담자는 아래 세 가지를 들고 있었다.

    ①이웃과의 교제를 모두 단절해 버린다.

    ②이웃들의 수준에 맞추어 적극적으로 대응한다.

    ③적당히 맞추며 산다.

    답은 간단해 보이지만, 세 가지 모두 실행으로 옮기기는 어렵다. 물론 상담자도 그 사실을 언급하고 있다.

    직장에서도 다양한 사람들이 다양한 인간관계로 고민하지만, 유감스럽게도 해결 방법은 그리 많지 않다. 결국 해결 방법은 앞의 인생 상담란에 해답으로 실린 세 가지 방법 외에는 달리 없지 않을까 싶다.

    좀더 구체적으로 들어가면, ①을 선택하는 것은 현실적이지 못하다. 직장에 근무하는 경우, 사람들과 말을 하지 않고 지낼 수는

> 비즈니스나 일상 생활이나, 인간관계의 기준은
> 대부분 '득실' 의 이해 관계에 달려있다

없기 때문이다. ②도 쉽지 않은 일이다. 본래 그런 사람들이나 그런 행위에 대한 혐오감이 고민의 원인이니까…

그렇다면 남은 방법은 ③이 되는 셈인데, "적당히 맞추며 산다"는 것도 꽤 힘들다. 적당히 맞출 수가 없기 때문에 고민을 하는 것이니까. 그래도 가장 현실적인 대응책은 ③이라고 볼 수 있다. 또 대부분의 사람들이 이 방법을 따르고 있다.

그렇다면 "적당히 맞추며 산다"고 할 때의 기준을 어디에다 두고, 어떻게 행동해야 좋은가 하는 것이 문제가 된다. 거기서 다시 고민에 빠진다. 그럴 때에는 '득실(得失)'을 기준으로 삼아, 득실에 따라 행동하는 것은 어떻겠는가? 득실은 분명치 않은 인간관계를 분명하게 하는 수단으로서, 이해하기 쉽다. 비즈니스나 일상 생활이나 할 것 없이, 인간관계의 기준은 득실에 있다는 사실은 대개의 경우에 들어맞는다. 그렇게 달관해 버리면 마음이 편해진다.

58
새롭게 시작하는 거야

현대를 전직(轉職)의 시대라고들 하지만, 연령이 높아짐에 따라 "가능하면 전직은 하고 싶지 않다"고 생각하는 사람이 더 많다.

나름대로 지금까지 쌓아온 것이 많은 사람일수록 현재 상황을 바꾸고 싶어하지 않을 것이다. 왜냐하면 새로운 세계에 적응하는 데 필요한 기술을 습득하거나 이런저런 인간관계를 만들기까지는 시간이 걸리기 때문이다. 실제로 전직자의 대부분은 젊은 20~30 대들이다.

그렇지만 시대는 자꾸자꾸 변화하고, 일정 연령 이상인 사람들 도 적극적으로 전직에 나서고 있다. 그러한 현상은 기업이 경영 합리화를 위해 희망 퇴직자를 모집할 경우, 응모자가 쇄도하는 것 을 보아도 알 수 있다.

자동차 메이커인 마츠다에서는 2001년 2월에 30세 이상의 희망 퇴직자를 모집했다. 그 결과 희망자가 너무 많아서, 응모 서류의 접수 시간 기재난에 접수를 개시한 10시라고 기입된 사람에게만 퇴직의 기회를 주었다고 한다. 그래도 그 수는 2,200명에 달했다.

내일을 살아가기 위해 서로를 격려하자

　직장인의 경우, 예전에는 어떻게 하면 회사에 오래 남을 수 있을 것인가를 생각했으나, 요즘은 어떻게 하면 조금이라도 좋은 조건으로 회사를 옮길 것인가를 생각하게 되었다. 소위 말하는 일류기업도 경영이 어려워지고 있는 현시대를 반영하여, 직장인의 행동양식도 변화하고 있다. 회사의 통합이나 분리로 전직할 의사가 없는데도 어쩔 수 없이 다른 회사에 근무해야 하는 사태도 있을 수 있다.

　어느 날 술자리에서 "전직해서 천직을 얻는다", "그래, 전직은 천직이다"는 말을 듣게 되었다. 그 말은 오늘날 직장인이 처한 상황에서 나온 비통한 절규이기는 하지만, 내일을 살아가기 위해서 서로를 격려하는 모습이기도 하다.

59

저 사람은 원래 저런 사람이니까

어른이 아이와 이야기할 때에는 상대가 아이라는 사실을 자각하면서 이야기한다. 그래서 자신이 하는 말을 아이가 이해하지 못하거나, 이야기가 통하지 않아도 아이를 비난하지 않는다.

그러나 상대가 어른일 경우, 자신의 이야기나 주장을 이해하지 못하면 "먹통!", "벽창호!", "밉살스러워!" 하고 생각한다. 거기에는 '모든 사람이 내가 하는 말을 이해해 줄 것'이라는 전제가 깔려 있기 때문이다.

사람과 사람 사이에는 서로를 이해하려는 노력이 필요하다. 그러나 자신을 이해해 주지 않는 사람, 자신이 이해할 수 없는 사람이 있다는 사실도 잊어서는 안 된다. 그러면 의사소통이 잘 안 된다고 해서 상대방을 공격하지는 않을 것이다. "저 사람은 원래 저런 사람이니까" 하고, 상대방과 자신의 거리를 조정하고 관계를 새롭게 정립할 수 있다.

최근 들어 인사 평가에는 '다면 평가' 혹은 '360도 평가'라는 것이 도입되고 있다. 그것은 지금까지처럼 상사가 부하 직원을 평

> **❝** 서로 이해하려는 노력도 필요하지만,
> 자신을 이해해 주지 않는 상대가 있다는 것도
> 잊어서는 안 된다 **❞**

가하는 것뿐만 아니라, 부하 직원이나 동료가 상사를 평가하는 항목을 포함한다. 그렇게 해서 여러 측면에서 평가를 함으로써, 자기 이해나 의식 개혁에 도움을 주려는 것이다.

이런 제도가 도입된 배경에는 두 가지 요인이 있다. 하나는 부서 간의 횡단 프로젝트가 일상화됨으로써, 소속 부서의 상사에 의한 평가만으로는 충분치 않게 되었다는 것이다. 둘째는 성과주의를 도입하는 데 있어서, 더욱 객관성 있는 평가 시스템이 필요해졌기 때문이다. 말하자면, 업무를 수행하는 데 있어서도 상대를 알고 나를 아는 것이 더욱 필요하다는 것이다.

그러나 한편에서는 이러한 제도에 대해, "부하 직원의 평가에 신경이 쓰여, 상사가 부하 직원의 눈치를 보게 되는 것은 아닌가?" 하는 우려도 나오고 있다. 어떤 시스템이든 한계가 있는 것이 당연하고, 인간관계의 조정에도 한계가 있다. 그러한 사실을 자각하면, '완전하지 못한 자신'을 탓하고, 고민하지 않아도 될 인간관계를 가지고 쓸데없이 고민하지 않게 된다.

60
상사를 위해 일하는 게 아니야

상사 중에는 부하 직원이 상사를 위해 일해야 한다고 생각하는
사람이 많다.

그런 상사의 말에는 "자네가 이러면 내가 곤란해져", "내가 설자
리가 없어지네", "내게 피해가 오잖아", "내가 힘들어진단 말이
야", "한번 내 입장이 돼 보게나" 하고, 모두 '나'가 등장한다.

날마다 이런 말을 듣다 보면, 어느새 부하 직원도 상사의 입장이
곤란해지니까 실수를 해서는 안 된다고 생각하게 된다. 아니, 상
사가 그렇게 세뇌를 시키려고 한다. 즉 상사에게 주의를 받지 않
도록, 피해를 입히지 않도록, 노여움을 사지 않도록 하는 것이 부
하 직원의 '임무'라고 인식하게끔 만드는 것이다.

그런 술수에 넘어가면, 어떻게 상사의 눈에 들 수 있을까, 하는
문제에만 신경을 곤두세우게 된다. 처세에 밝은 사람이 이상적인
부하 직원의 표본이 되는 것이다. 적어도 그렇게 행동하는 것이
바람직하다고 여겨지게 된다.

그렇게 되면 일신의 안전을 우선하는 상사는 편해진다. 따라서

> **❝** 부하 직원은 상사를 위해 일해야 한다고
> 생각하는 상사는 회사의 발전을 저해한다 **❞**

상사는 "자네 덕분이야" "믿음직스러워" "기대가 크네" 하고 부하 직원을 칭찬한다. 그것은 바로 '나'에게 도움이 되기 때문이며, '나'에게 유리하기 때문이며, '나'에게 편안함을 가져다주기 때문이다.

하지만 그런 상사는 회사의 발전을 저해한다. 부하 직원을 사병화하는 일에만 정신이 팔려서, 부하 직원의 아이디어나 활력을 북돋우려는 자세가 결여되어 있기 때문이다. 시대는 무엇을 바라는가, 고객이 원하는 것은 무엇인가를 생각하는 것, 그것이 바로 기업이 최우선으로 여겨야 할 것이 아니겠는가?

그런데도 "내가 곤란해져", "내가 설자리가 없어"라는 식으로 행동하는 상사는, 결과적으로 기업을 상사와 부하 직원이라는 관계로 축소시킨다.

장래를 내다보는 사람이라면, 그런 고리타분한 발상을 가진 상사 밑에 들어갔을 경우에 맨 먼저 "상사를 위해 일하는 게 아니야" 하고 중얼거리며 뱃심을 두둑히 가져 보자.

61
힘든 일도 나를 연마하는 숫돌

'고통스러운 일'을 당했을 때, 이에 대응하는 두 가지 스타일이 있다. 하나는 고통스럽다는 것을 적극적으로 표현하는 것이고, 나머지 하나는 가만히 참고 견디는 것이다.

최근에는 많은 사람들이 고통을 표현하는 방향으로 문제를 해결하려고 한다. 오늘날의 사회가 "고통스러운 일은 일어나서는 안 된다"는 전제에 서 있기 때문이다. 그러나 과거에는 "세상은 고통스러운 것"이라고 여겼기 때문에, 꾹 참고 견디라고 가르쳤던 것이다.

이러한 변화를 가져온 원인은 두 가지이다. 하나는 자유 평등 사상이고, 또 하나는 사회가 전반적으로 풍요로워졌기 때문이다.

군대에서는 상관의 명령에 절대 복종해야 하며, 아무리 무리한 일을 시켜도 반항하면 곧바로 주먹이 날아온다. 그래도 아무 말을 못한다. 군대뿐만 아니라, 옛날에는 사회 전반에서 이런 경향이 나타났다.

그러나 자유와 평등에 대한 인식이 확산되면서, 상하 관계 속에서 무조건 참고 견디는 것은 더 이상 미덕이 아니게 되었다. 오히려 '고통스럽다', '납득하기 힘들다' 하고 표현함으로써 불합리한

> **싫은 일을 억지로 견디는 것이 아니라,**
> **상황을 달게 받아들이면,**
> **생각 외로 좋은 결과가 나올 수 있다**

현실을 바꾸려는 삶의 방식이 바람직하다고 여겨지게 되었다.

풍요로운 사회에는 빈곤한 사회보다 고통을 완화시키는 장치가 많다. 예컨대 옛날에는 수술 후의 고통은 참으라고 했으나, 요즘은 참지 말고 아프다고 말하라고 한다. 옛날에는 참을 수밖에 없는 상황이었지만, 과학 기술의 발달로 인해 고통을 완화시키는 것이 가능해진 것이다. 이러한 시대적 변화를 나쁘다고 할 수는 없지만, 그 결과로 사람들의 자기 주장이 강해졌다. 그래서 사람들 사이에 사소한 마찰이 일어났을 경우에, 자신은 옳고, 나쁜 것은 모두 다른 사람이나 사회의 탓으로 돌린다. 타인을 공격함으로써 정신적 안정을 얻으려는 사람도 많다.

주위를 둘러보고 이러한 사실을 깨닫게 된다면, "힘든 일도 나를 연마하는 숫돌"이라고 중얼거리며 '참고 견딘다'는 선택을 해 보는 것은 어떨까? 싫은 일을 억지로 참고 견디는 것이 아니라 정신적으로 우위에 서서 상황을 달게 받아들인다면, 생각 외로 좋은 결과가 나오지 않을까?

62
무능한 상사는 좋은 상사

간혹 상사랍시고 거들먹거리는 사람이 있다. 부하 직원 입장에서 보면 그런 상사는 위에서 시킨 일을 생각 없이 하는 사람, 낡은 방식밖에 모르는 시대에 뒤떨어진 사람, 무능한 사람으로밖에는 보이지 않는다. 또 그러한 사실은 일상 업무를 통해서 자연히 드러난다.

그래서 기획 능력이나 지도력, 미래를 내다보는 능력을 갖추지 못한 사람을, 상사라는 이유만으로 따라야 한다는 사실에 부하 직원들은 불만을 품게 된다. 업무 능력도 없고 인간적인 매력도 없는 사람 밑에 있다 보면, 기분도 언짢고 일도 잘 풀리지 않고, 장래성도 없는 것처럼 느껴진다.

직장 생활을 한 적이 있는 사람이라면, 정도의 차이는 있겠지만 누구나 이런 유쾌하지 않은 경험을 해보았을 것이다. 그러나 여기서부터가 문제이다. 이러한 생각이나 현실 인식에 얽매여 있으면, 마음이 편안해질 수 없기 때문이다.

이러한 상황에서 대개 우리는 스스로를 무능한 상사 밑에서 마지

못해 일하는 이미지로 고정시켜 버린다. 그러나 그 이미지에서 벗어
나지 못하는 한, 앞으로 나아가려는 에너지가 솟아나지 않는다.

모든 일이 다 그렇다. 아무리 "~니까 안 돼"라는 이유를 대 보
아도 현재 상황은 바뀌지 않는다. 오히려 "어떻게 하면 가능한
가?", "무엇을 할 수 있는가?" 또는 "무엇을 할 것인가?"를 생각해
야 한다.

무능한 상사라면, 조금 심하게 말해, 적당히 속여넘기면 되지 않
겠는가? 무능한 상사니까 안 된다는 것이 아니라 무능한 상사니까
좋은 것이다. 즉 상사를 자신에게 유리하게 유도할 수 있다. 그렇
게 생각을 바꾸어 보면, 지금까지 시달려 온 압제에서 해방된다.
편안해지고 희망이 생긴다!

상사의 덜떨어진 구석을 잘 이용해 보자고 마음먹으면, 불가사
의하게도 직장에서의 인간관계도 원만해진다.

"무능한 상사는 좋은 상사"라는 주문을 외며, 상사를 뛰어넘고
직장을 뛰어넘어 앞으로 나아가자.

63
한잔 하고 갈까?

퇴근길에 직장 동료가 "한잔 하고 갈까?" 하고 말을 꺼내는 일이 있다. 물론 자신이 말을 꺼내는 경우도 있다. 이런 말을 주고받는 직장인의 얼굴은 밝다.

반대로 아침에 출근할 때의 얼굴은 굳어 있다. 그 이유는 수면 부족 때문이기도 하지만, 관리되는 시간과 공간으로 들어서는 중압감 때문이다. 그러나 일을 마치고 퇴근할 때의 얼굴이 어딘지 모르게 밝고 산뜻해 보이는 까닭은, '관리 사회'를 벗어난다는 해방감 때문이다.

현대 사회 전체가 점점 더 관리 사회화되고 있는 것은 사실이다. 사람은 관리의 밀도가 높은 곳에 접근할 때 긴장하고, 그곳으로부터 멀어질 때 해방감을 얻는다.

"한잔 하고 갈까?"라는 말에 "그러지 뭐!" 하고 찬동하는 것은, 술을 좋아해서이기도 하겠지만, 상대방과 시간과 공간을 공유하는 것에 대해 '중압감'을 느끼지 않기 때문이기도 하다. 그러한 사실은 업무상 술자리에 나갈 때와 비교해 보면 잘 알 수 있을 것이다.

"다 그런 거지 뭐" 하고 주어진 상황을 받아들이면 지나친 중압감도 사라진다

직장에서 인간관계로 고민하는 것도, 시간과 장소와 상대를 자유로이 선택할 수 없는 곳에서 서로 얼굴을 맞대고 있어야 한다는 스트레스 때문이다. 정해져 있는 근무 시간을 자기 마음대로 사용할 수는 없다. 지시나 명령에 따라서 행동해야 하므로, 자신이 있을 장소나 행동 반경도 마음대로 결정할 수 없다. 그래서 사람들은 이런저런 스트레스를 받게 된다.

그렇기 때문에 직장 생활이란 고통이 따르게 마련이고, 인간관계에 얽혀 고민하게 마련이다. 그러므로 "다 그런 거지 뭐" 하고 주어진 상황을 받아들이게 되면, 필요 이상으로 자책하거나, 자신을 미로 속으로 몰아넣는 일도 없어질 것이다.

"관리를 받는 시간이 있기 때문에, 일과 후에 삶의 보람을 느낄 수 있다"고 생각할 수도 있는 것이다.

64
남들은 나를 신경쓰지 않아

직장인은 매일매일 많은 사람을 만난다. 그래서 상대방이 전날 어떤 양복을 입었는지 기억하는 사람은 별로 없다.

따라서 외박을 해서 이틀 동안 똑같은 양복에 넥타이를 매고 있어도 눈치 채는 사람은 별로 없다. 그러므로 있지도 않은 시선에 겁먹지 말고, 평상시처럼 일하면 된다.

그러나 자기 혼자 "똑같은 양복을 입었다고 뭐라고 하지 않을까?" 하고 생각하고, 옷을 벗었다 입었다 하면서 "오늘 나 좀 이상해 보이지 않아?" 하고 말을 하면, "그러고 보니, 넥타이가 어제와 똑같네" 하고 알아차리게 된다.

"내가 생각하는 만큼 남들은 나를 신경쓰지 않는다"는 말은, 에도시대의 가부키 배우가 한 말이다. 배우조차도 자신이 생각하는 만큼 관객들이 자신을 세심하게 지켜보지 않는다고 생각한 것이다.

무대에서 배우가 자그마한 실수를 했다고 해서, 그 일을 마음에 담아둘 필요는 없다. 반대로 배우가 고심하고 정성을 기울여 해 보인 연기를 관객들이 몰라주는 경우도 더러 있을 수 있다.

" 주위 사람들은 당신이 생각하는 만큼
당신의 일에 관심을 갖지 않는다 "

이것을 그대로 옮겨다가 인간관계에 적용시킬 수 있다. 사람들이 자신의 의도와 노력을 몰라주는 경우가 많다는 것과, 자신이 똑같은 양복이나 구두를 착용한 사실에 무관심한 사람들이 많다는 것은 동격에 가깝다.

지구가 당신을 중심으로 돌지 않는 것과 마찬가지로, 주위 사람들은 당신이 생각하는 만큼 당신의 일에 관심을 갖지 않는다. 그런데도 주위 사람들의 낯빛이나 사소한 동작 하나하나에 과민하게 반응해서 신경을 소모시키고 있지는 않은가? "감기는 만병의 근원"이라고 하지만 과잉 반응, 과잉 적응이야말로 마음의 문제를 야기하는 원흉은 아닐까?

앞으로 주위 사람들의 반응이 신경쓰이면, "내가 생각하는 만큼 남들은 나를 신경쓰지 않는다"는 말을 신경안정제 대신으로 떠올려 보는 것은 어떨까?

65
나는 박쥐같은 사람은 못 돼

그때그때 세력이 강한 쪽으로 붙는 사람이 있다. 그런 사람은 H씨를 마구 칭찬하는가 싶다가도, 어느새 K씨에게 찰싹 달라붙어 다니며 K씨를 마구 칭찬한다.

사람들은 그런 사람을 두고 이쪽에 붙었다 저쪽에 붙었다 하는 '박쥐같은 사람'이라고 험담을 하지만, 본인은 별로 신경을 쓰지 않는 눈치이다. 언제나 세력이 강한 곳, 주류 집단에 자신이 들어갈 수 있는지 여부가 중요한 것이다.

어느 곳에나 이런 타입의 사람이 있어서, 험담의 대상이 된다. 그리고 그런 사람이 험담과 비판이 대상이 되는 것은 당연하다고 누구나 생각한다. 그러나 세력이 강한 쪽에 붙는 것을 꼭 나쁘다고 할 수 있을까?

중국의 병서 《손자》에는 "전투에 능한 자는 승리의 길을, 전투의 기세를 타는 것과 전투의 흐름을 파악하는 것에서 얻는다"고 기술되어 있다. 또 도박이나 승부의 세계에서는 "운 좋은 사람에게 붙어라"는 말도 있다. 그렇게 생각하면, 항상 '이기는 편'에 붙

66 시기심과 질투심이 들 때는
상대방보다 자신이 우월하다고 되뇌이자 99

으려는 행동은 장려되어야 하지 않겠는가?

그러나 대부분의 사람들이 심정적으로 이런 생각에 동조하지 않는 까닭은, 그렇게까지 하지 않아도 살 수 있다고 생각하기 때문이다. 그러면서도 늘 마음 한 구석에서는 중심부에 있는 사람들을 시기한다.

결국 험담이나 욕을 하는 심리 속에는, 처세에 능한 사람을 시샘하는 마음과 "품성이 결여된 행위"를 경멸하는 마음이 복잡하게 뒤얽혀 있다.

그래서 '박쥐'가 되어 출세가도를 달리는 동료를 보고 질투의 감정을 억누르지 못하기도 한다. 그런 때에는 한껏 자조적인 기분에 젖어 "나는 박쥐같은 사람은 못 돼" 하고 중얼거려 보면 어떨까? 그러면 이상하게도 마음에 맺힌 응어리가 풀린다. 그 순간 자신이 상대방보다 인간적으로 우월하다는 기분이 들기 때문이다. 인간의 심리는 때로 이렇게 복잡하고 변덕스러운 것이다.

66

믿을 만한 사람이에요

우선 신용에 관한 격언, 명언 몇 가지를 소개한다. 왜냐하면 신용이 있으면 비즈니스나 인간관계가 모두 잘 풀리기 때문이다.

○신용은 보이지 않는 재산(격언)

○일단 신용을 얻으면, 앞길은 저절로 열린다.(버크, 18세기 영국 정치가)

○돈으로 신용을 얻으려 해서는 안 된다. 그러나 신용으로 돈을 얻으려는 생각은 해도 된다.(데미스토클레스, 기원전 5세기 아테네의 정치가)

○자신에 대한 자신감이 타인에게 신용을 싹트게 한다.(라 로슈푸코, 17세기 프랑스 모럴리스트)

○신용이란 사람들로부터 호감을 얻는 것, 약속을 지키는 것, 사람들에게 경제적 이득을 주는 것이다.(혼다 소이치로, 혼다 기연공업 창시자)

모두가 타당한 말이고 "그렇고말고" 하고 감탄을 자아내는 말이지만, 업무상의 인간관계와 연관지어 여기서는, "사람들의 호감을

> ## 사람들에게 신용과 호감을 얻으면
> ## 비즈니스나 인간관계가 모두 잘 풀리게 된다

사는 것", "약속을 지키는 것", "사람들에게 경제적 이득을 주는 것"에 관해 생각해 보겠다.

"사람들의 호감을 사는 것"에 관해서는 앞에서도 언급했지만, 신용이나 호감은 거의 첫인상에 좌우된다고 할 수 있다.

"약속을 지키는 것"은 인간관계에서 대단히 중요하다. "저 사람은 신용할 수 없다"는 말은 "말을 해놓고 행동으로 옮기지 않는다" 혹은 "말과 행동이 다르다"는 것이다.

만약 당신이 원만하지 못한 인간관계로 고민하고 있다면, 자신을 한번 돌아보자. 약속을 지키지 않았거나, 사람들로부터 약속을 지키지 않았다고 여겨질 만한 일을 한 적은 없는지 자문해 볼 일이다.

사람들은 경제적 이득을 주는 사람 주위로 모여든다. 경제적 이득을 주는 사람과 사이좋게 지내고 싶은 것이 인지상정이기 때문이다. 그리고 주위 사람들로부터 "믿을 만한 사람이나", "저 사람과 함께 일하고 싶다"는 이야기를 들으면 내심 기쁘고 자신감도 생기게 된다.

67
일찍 퇴근한다고
일을 대충 하는 건 아니에요

　남아서 일을 하는 사람이 있는데도 "먼저 갈게요" 하고 사무실을 나서려면, 남아 있던 사람들이 "벌써 퇴근하는 거야?"라거나 "일찍 퇴근해서 좋겠네!" 하고 빈정대는 경우가 있다.

　"그럴 때에는 아무 말 하지 말고, 잠자코 퇴근하는 게 좋아" 하고 예전에 선배가 일러준 적이 있다. 그러나 아무 말 않고 퇴근하면, 남은 사람들은 "그 사람, 벌써 퇴근한 거야?", "그래, 아무 말도 않고 퇴근했어" 하고 뒷이야기를 한다.

　승진의 한계가 없고 잔업 수당이 제대로 나온다면, 수당을 벌기 위해서라도 남아서 일할 수도 있다. 그러나 아무리 남아서 일을 해도 정해진 시간에 대한 잔업 수당밖에 나오지 않아, 그 이상의 잔업이 서비스 차원이 되어버린다면 당연히 잔업이 달가울 리 없다.

　"어째서 이렇게 남아서까지 일해야 하지?", "일찍 일을 끝내고 맥주라도 한 잔 했으면 좋으련만" 하고 생각하는 사람들로서는, 시간이 되면 얼른 퇴근해 버리는 사람을 심정적으로 용서하기 어렵다. 오히려 그때까지 억누르고 있던 회사에 대한 불만을 터뜨릴

스스로에 대한 자부심이 있으면,
언짢은 말을 언제까지고 곱씹으며
고민하지 않는다 99

대상을 찾았다 싶어서, 얼씨구나 하고 불만을 터뜨리고 있다고 하는 편이 맞을지도 모른다.

가정이 원만하지 않거나 경마로 돈을 날려 짜증이 날 때마다, 사소한 일을 트집잡는 상사도 있다. 그처럼 사람이란 불만이나 불안이 쌓이면, 주위에 있는 만만한 사람에게 성질을 부려서 자신의 불편한 심기를 해소하려고 한다. 직장에서의 비꼬기나 빈정거림 중에는 그런 종류의 것들도 많은 법이다.

"벌써 퇴근하는 거야?"라는 말은 "일은 제대로 한 거야?", "건성건성 하는 건 아니겠지?"라는 뉘앙스를 풍긴다. 그러나 "일찍 퇴근한다고 해서 일을 대충 하는 것은 아니다"라는 자부심이 있으면, 이런 언짢은 말을 언제까지고 곱씹으며 고민하지는 않는다.

본래 일이라는 것은 순서와 집중에 달려 있다. 업무 처리가 빠른 사람은 "일이 늦어진다는 것은 일의 순서가 잘못되었거나, 일을 제 때 처리하지 못하고 계속 붙잡고만 있기 때문이다"라고 주장한다.

68
나도 아직 쓸 만한 걸

요즘 들어 자기에게 영 신통치 않은 일만 맡겨지는 것 같다는 생각이 들 때가 있다.

그러고 보면, 부장은 눈에 보이는 성과를 기대할 수 있는 일은 모두 스카우트 해 온 K에게만 시키는 것 같다. 그럴 때에는 "나도 이제 한물 간 건가?" 하는 생각이 든다. 하기는 때때로 눈이 가물가물한 것도 같다. 지금까지는 별 생각 없이 일만 해왔지만, 이대로 괜찮을지… 체력도 많이 떨어진 것 같고… 하는 생각이 들면, 왠지 자신감도 없어진다.

어느 TV 프로그램에서 이런 말을 들었다. "40세는 마라톤으로 치면, 중간쯤 달린 지점이에요. 스무 살부터 마흔이 된 지금까지 살아온 시간을 돌아보면, 앞으로 예순이 될 때까지의 20년이 무척 힘겹게 느껴져요."

정말이지 중년의 실감을 잘 나타낸 말이다.

여태까지 생각해 본 적도 없던 능력의 한계, 젊음의 한계를 느끼게 되는 때가 누구에게나 찾아온다. 그러나 그런 생각은 업무가

> **거울에 비친 자신을 향해
> "아직도 뭐든 할 수 있어"
> "아직도 예쁜데 뭘" 하고 말을 건네자**

순조롭게 풀려나가고, 젊은 여사원에게서 "이 일을 꼭 좀 부탁드리고 싶어요"라는, 별것 아닌 말을 듣기만 해도 싹 날아가 버린다. 그러면 "나도 아직 쓸 만한 걸" 하고 생각하게 된다.

본래 인간이란 자만심이 강한 존재이다!

그러한 자만심을 활용해 보면 어떨까? 자만심을 통해서라도 자신감을 되찾는다면, 다시 일에 대한 의욕이 생겨나고 활력이 솟구친다. 얼굴색이 좋아지고, 주위 사람들에게 생기를 불어넣는다.

따라서 자신이 조금 지친 것은 아닐까, 기력이 쇠한 것은 아닐까 하는 생각이 들 때에는 면도를 한 후에 거울에 비친 자신을 향해 "아직도 뭐든 할 수 있어!" 하고 말해 보자. 여성이라면 거울 속의 자신을 향해 "아직도 예쁜데 뭘!" 하고 말을 건네어 보라.

또한 부서 내의 다른 직원의 업무 성과와 자신의 성과를 몰래 비교해 보고, "나도 그리 나쁘진 않은걸" 하고 중얼거려 보는 것도 직장에서 갖게 되는 막연한 불안감을 해소하는 데 도움이 된다.

그렇다. 당신은 아직도 뭐든 충분히 해낼 수 있다!

69
내가 변하는 거야!

능력주의가 심화되면서, 젊은 나이에 많은 부하 직원을 거느린 사람도 드물지 않게 나온다. 이런 케이스는 외국계 기업에서 자주 보이는데, 앞으로는 국내 기업에서도 점점 늘어날 것이다.

다만 여기서 짚고 넘어가야 할 것은, '일을 잘 한다'는 것과 '상급자로서의 자질을 갖추고 있다'는 것은 별개라는 점이다.

담당하는 부문의 업무에 정통하다거나 시험 결과가 좋을 뿐, 사람들이나 그 집단에 대한 배려를 할 줄 모르는 상사를 둔 부하 직원으로서는 당연히 불평 불만을 갖게 된다.

그래서 자기 주장이 분명하고 나름대로 자기 확신을 가진 사람들로부터 "시험 결과만으로 사람을 단정짓는다"거나 "뭐든 예예, 하고 순종하는 사람만 대접받는다"는 이유로, 이러한 시스템은 외면을 당한다.

물론 상사의 연령이 젊지 않은 경우라 해도, 오늘날 수많은 직장에서 이러한 일이 일어나고 있다. 기업 내 연공서열이 분명하던 시대에도 이런 문제는 있었다. 그러나 일반론을 들어 말하자면,

> **"일을 잘한다"는 것과, "윗사람으로서의 자질을 갖추고 있다"는 것은 별개의 문제이다**

나이가 젊은 사람일수록 인간의 감추어진 부분, 보이지 않는 부분을 살피는 능력이 부족하게 마련이다.

"마음에 드는 사람만 우대하는 인사(人事)를 한다"거나, "남의 말을 전혀 들으려고 하지 않는다"는 불만을 가진 부하 직원은 상사의 언동이 자신의 허용량을 넘어설 경우, 어느 날 문득 "윗사람이 변하지 않으면 자신이 변할 수밖에 없다"는 결심을 하게 된다.

지금까지 "자신이 변할 수밖에 없다"는 말의 '변한다'는 것은 자신을 억누르는 것, 즉 사람에 따라서는 상사의 말을 따르는 체하며 눈 가리고 아웅 하는 것이었다. 그러나 앞으로의 '변한다'는 말에는 회사를 옮긴다는 의미도 포함될 것이다.

직장을 그만두지는 않더라도, 동료들끼리 "내가 변할 수밖에 없다"고 말할 수 있을 만큼의 자질과 능력을 갖추어야 할 것이다. 그것이 바로 인간관계 때문에 지나치게 고민하지 않아도 되는 방법이기도 하다.

70
앞으로 남은 날이 더 많아

좀처럼 관리직에도 오르지 못하고, 월급도 인상되지 않는다.

그래서 좋은 회사에 스카웃되어 기세가 등등한 사람이나 사업체를 일으켜 성공한 사람을 보면, "정말 좋겠어!" 하고 부러워하면서 어쩔 수 없이 "나는 글러먹었어"라는 생각을 하게 된다.

회사 조직이 점점 축소되면서, 관리직 수는 자꾸자꾸 줄어든다. 하지만 직장인은 자신의 명함에 직함이 새겨지길 원한다. 아무 직함도 없는 명함을 내밀면, 상대방은 못미더운 표정을 짓기 일쑤이다.

우리를 둘러싼 사회는 여전히 직함을 중시하는 사회이다. 사람들은 그래서 높은 직함을 얻고 돈도 많이 벌기를 바란다. 그런데도 이런 기대가 좀처럼 실현되지 않으면, 일에 대한 의욕도 점점 사라지고 더욱더 무능해진다.

"어영부영 서른, 두리번두리번 마흔"이라는 말은 그런 때에 잘 듣는 약이다. "대부분의 사람들이 어영부영하다가 30대를 넘기고, 40대가 되어서 더 좋은 일자리가 없을까 하고 주위를 두리번거리

> **❝** 어영부영하는 자신을 너무 비하하지 말고
> 이제부터 시작이라는 마음가짐을 갖자 **❞**

게 된다"는 뜻인데, 이 말을 뒤집어 보면 평범한 사람들은 다들 그렇다는 말도 된다. 그러므로 30대나 40대에 접어든 사람들 중에, 자신이 어영부영하거나 두리번두리번한다고 해서 스스로를 너무 비하할 필요는 없다.

더구나 이 말은 사람의 평생이 50년이던 시대의 말이다. 오늘날의 연령은 옛날 연령의 70%라고 생각하면 된다. 그러면 옛날의 30세는 실질적으로 오늘날의 21세, 옛날의 40세는 오늘날의 28세가 되는 셈이다. 21세에 어영부영하고, 28세에 두리번거리는 것은 당연한 일이 아닌가? 이렇게 생각하면 마음이 편안해진다.

"나는 출세를 못할 거야" 하고 비관하지 말고, "이제부터다", "앞으로 남은 날이 더 많아" 하고 생각해 보자.

71
모난 돌이 정 맞는다구?

직장에서 상사의 눈에 들어 귀여움을 받는 사람을 바라보는 사람들의 시선은 곱지 않다. 뒤에 숨어서 혹은 드러내놓고 비판을 하거나 집단적으로 따돌린다. "편애는 좋지 않다"거나 "일도 못하는 주제에 윗사람 비위 하나는 잘 맞춘다"는 말을 하기도 한다.

만일 그 사람이 자리를 떴을 때에 전화가 걸려 오면, "돌아오면 바로 전화 드리도록 하겠습니다" 하고 상대방에게 말해 놓고, 전화가 왔다는 말을 전하지 않는 경우도 있다.

동기들 가운데 출세가 빠른 사람이 있으면, "저 사람이 지나간 자리에는 풀도 안 자란다. 다른 사람들을 희생시켜서 자신의 업무 성과를 올리기에만 급급하다"고 험담을 한다.

반대로 출세가 빠른 사람이 어떤 사정으로 일을 그르치거나 하면, "꼴좋다"며 고소해 하고, "본래 그만한 그릇이 못 되는 사람이야", "너무 까불어서 그래" 혹은 "지금까지 잘 풀린 게 오히려 이상했어"라며 이러쿵저러쿵 뒷이야기를 한다.

이것을 뒤집어 보면, 그처럼 남의 험담하기를 좋아하는 사람들

> **미움이나 시샘을 받아서 속상한 사람이라면 하루라도 빨리 "아주 모난 돌"이 되어 버리자**

이야말로 상사의 눈에 들고 싶고 출세하고 싶어한다는 것을 알 수 있다. 그런데도 자신의 바람은 이루어지지 않고, 다른 누군가가 자신이 꿈꾸던 것을 실현했다는 사실이 못마땅한 것이다. 자신의 지위보다 낮은 자리는 아니더라도, 어떻게든 자신과 같은 지위로 끌어내리고 싶은 것이다. "모난 돌이 정 맞는다"는 말의 배후에는 이러한 질척질척한 인간의 모습이 감추어져 있다.

그런데 사람들이란 아무리 해도 이길 수 없는 상대와 자신을 비교하지는 않는다. 결과는 자신의 패배가 뻔하기 때문이다. 경쟁하고 질투하는 것은 능력이나 조건이 비슷하다고 여겨지는 사람 사이에서 생겨난다. 그래서 오히려 "너무 모난 돌"은 정을 맞지 않는 것이다.

따라서 미움이나 시샘을 받아서 속상한 사람이라면, 하루라도 빨리 "이주 모난 돌"이 되어 버리자. 그러면 역풍도 순풍으로 바뀌고, 질투는 오히려 존경으로 바뀔 것이다.

72

없을 것 같으면서도 있는 것이
빚이라니까

'하루살이'가 아니라, '한달살이'라는 말이 있다.

이것은 평범하게 살아가는 것처럼 보여도, 한 달 한 달의 결제일에 쫓겨 살아가는 사람의 주머니 사정을 상징적으로 나타내는 말이다.

그날 그날의 생활에는 궁색하지 않지만, 매달 정해진 결제일에 통장에서 돈이 빠져나가 잔액이 제로가 되어 버리는 경우가 있다. "저 사람은 아니겠지"하고 생각되는 사람 가운데도 이런 케이스가 있다. 사람이란 겉보기와는 다른 것이다.

자녀 교육비나 주택 융자금과 자동차 할부금 지출 때문에, 적지 않은 수입에도 여윳돈이 없는 사람도 있다. 빚을 내어 산 주식이 거품경제의 붕괴로 10분의 1의 가치가 되어 버린 탓에, 그 뒷수습을 하느라 허덕이는 사람도 있다. 그런 사람들은 결제일이 되면, "아, 이번 달도 간신히 결제를 막았군"하고 가슴을 쓸어내린다. 다달이 "이번 달도 결제일을 넘겼다"는 빠듯한 생활이라는 데서 '한달살이'라고 부르는 것이다.

지금까지 이럭저럭 꾸려 왔으니까 앞으로도
잘해 나갈 수 있다고 스스로에게 용기를 주자 "

아무튼 이와 같은 가계 상태에 놓인 직장인은 하루하루 생활이 힘겹다. 희망도 없다. "제로에서 출발"이라는 말이 있는데, 매일이 "마이너스에서 출발"인 셈이다. 기업이 채무 초과에 빠지면 뉴스에 나지만, 채무 초과에 빠진 가정에 대해서는 아무도 관심을 갖지 않는다. 공적자금 유입 같은 것도 없다. 서민은 자기 책임을 다할 수밖에 없다.

그럴 때에는 조금이라도 마음이 편안해지는 말을 중얼거리거나 곱씹으며 스스로에게 용기를 주자. 지금까지 이럭저럭 꾸려 왔으니까 앞으로도 잘해 나갈 거라고.

그런 말 가운데 하나가 "있을 것 같으면서도 없는 것이 현금, 없을 것 같으면서도 있는 것이 빚"이라는 말이다.

이 말은 세상에는 돈걱정 안 하고 사는 것처럼 보이는 사람도, 남모르게 진 빚 때문에 고난하게 살아간다는 뜻이다. 그러므로 이렇게 빚에 허덕이며 사는 것도 무리는 아니라고 스스로를 위로할 수도 있지 않겠는가?

73

그 수에는 안 넘어가요

부하 직원이 더 열심히 일하도록 하기 위해, 상사는 종종 부하 직원 사이에 경쟁을 붙인다. 기회를 보아서 "자네와 K씨는 서로 라이벌이야"라거나 "동기인 L씨에게 지지 않도록 열심히 하게" 하고 말하는 것이다.

그런 말을 들으면, 어쩐지 그런 것 같다는 생각이 들게 마련이다. 지금까지 별로 의식하지 않던 사람을 의식하게 되기도 한다. "그런가, 다들 그런 눈으로 보고 있었단 말이지"라는 생각이 들면, "그 사람보다는 일을 더 잘해야지", "그 사람보다는 나아 보여야지", "그 사람에게는 지지 말아야지" 하고 마음먹게 된다.

당연한 일이지만, 상사는 K씨에게도 "요즘 P씨에 대한 사내 평판이 좋으니까, 자네도 열심히 해야지" 하고 말해 둔다. 그러면 K씨는 K씨 나름대로 P를 의식해서 "지지 않을 거야!" 하고 생각하게 된다.

스포츠에서도 경쟁이 붙으면 좋은 기록이 나온다. 상사는 그와 같은 원리를 직장에 도입해서, 부하 직원으로 하여금 능력을 발휘

> **"남은 남, 나는 나, 그러나 사이좋게"**
> **이 한마디를 할 수 있는 실력을 기르면**
> **인생은 편해진다**

하게 하여 조직의 성과를 올리려는 것이다. 각자의 경쟁심을 부추
겨서 상사 자신의 성과로 삼으려는 속셈이다.

직장인도 어느 정도 경력을 쌓으면, 상사의 그런 속셈을 눈치채게
된다. 그래도 "저 사람에게는 지지 말아야지" 혹은 "꼭 출세를 하고
말 거야" 하고 생각한다면, 적극적으로 경쟁에 나서는 것도 좋다.
경쟁의 과정에서 자신의 능력도 향상되기 때문이다. 상사가 경쟁을
시키는 까닭은 부하 직원을 키우기 위해서이기도 한 것이다.

그러나 경쟁에서 이기는 것에 별 흥미를 못 느끼거나, 자신이 하
고 싶은 일이 달리 있는 사람이라면, 경쟁에 휘말리는 것이 달갑
지 않다. 그럴 때는 상사에게 웃는 낮으로 농담처럼, "그 수에는
안 넘어가요" 하고 말해 보는 것은 어떨까? 상사의 말을 그렇게
태연히 되받을 수 있는 배짱이 있다면, 그것만으로도 훌륭하다.

"남은 남, 나는 나, 그러나 사이좋게"

이 한마디를 할 수 있는 실력을 기르면 인생은 편해진다.

74

절박한 비즈니스의 현장

비즈니스는 결과다. 아무리 아이디어가 좋고 노력을 기울인다 해도 결과적으로 이익을 낼 수 없다면, 기업은 존립할 수 없다. "의식(衣食) 걱정이 없어야 격식을 차릴 수 있다"는 말처럼, 기업이 이익을 내지 못하면, 기업에 딸린 실업 스포츠팀도 해산될 수밖에 없다. 문화 예술 활동에 대한 자금 지원에서도 손을 떼게 될 것이다.

최근 들어 기업에 적극적으로 도입되고 있는 성과주의라는 것도, 성과를 올려 기업 이익에 이바지하지 못하는 사람은 필요 없다는 지극히 단순 명쾌한 논리에 바탕을 둔 것이다.

그러나 논리가 단순 명쾌할수록, 그것을 개인이나 조직에 끼워 맞추려고 하면 마찰과 부작용이 생겨난다. 왜냐하면 개인과 조직, 사회는 단순 명쾌하게 정의되고 구분될 수 없기 때문이다.

성과주의는 영업처럼 결과가 비교적 눈에 잘 드러나는 부문에서는 괜찮지만, 관리 부문에는 적용하기 힘들다. 성과를 평가할 방법이 없기 때문이다.

> **❝** 인생이란 '과정' 이라는 생각을 가지면,
>
> 그만큼 시야가 넓어지고 마음의 여유가 생긴다 **❞**

또한 영업과 같은 부문에서는, 구성원들이 모두 자신의 성과를 올리는 데에만 급급한 나머지, 서로 정보나 데이터를 감추는 일도 생긴다. 조직의 성과보다 자신의 성과가 앞서게 되면서, 오히려 전체로서의 기업 성과가 떨어지는 일도 현실에서는 일어나고 있다.

경영 전문가나 기업, 근로자 할 것 없이, 새로운 것이 나타나면 앞다투어 달려들지만, 새롭다고 다 좋은 것만은 아니다. 그래도 허겁지겁 달려드는 것을 보면, 그만큼 사정이 절박한 모양이다. 그러고 보면 우리 모두 참으로 힘든 시대를 살고 있다는 생각이 새삼스레 들기도 한다.

비즈니스가 '결과' 라는 사실은 틀림없지만, 비즈니스도 결국은 살아가기 위한 하나의 수단에 지나지 않는다. 그렇다면 비즈니스에만 얽매일 필요는 없다. 인생이란 '과정' 이라는 생각을 가지면, 그만큼 시야가 넓어지고 마음에 여유가 생긴다.

75
그래, 걸으면서 생각하면 돼

흔히 앞날이 불투명하다는 말들을 한다. 사람들 모두 "이것이다!" 하고 확신할 만한 비전을 가지고 있지 못한 것이다. 그러므로 자신만이 "이것이다!" 하고 확신할 만한 비전을 발견하기란 힘들다. 우리는 평범한 인간에 불과하다.

그렇다고 해도 앞날이 보이지 않고, 앞날을 읽을 수 없다는 사실에 대해 지나치게 고민할 필요가 없다. 알 수 없는 것을 알려고 하니까 고통이 생기는 것이다. 알 수 없는 것은 알 수 없는 채로 살아갈 수밖에 없지 않은가?

어느 시대에도 내일 일을 아는 사람은 없었다.

불확실한 현대를 살아가는 우리들은, 앞으로 다가올 생활이나 인간관계에 대해 "어떻게 될 것인가?", "어떻게 하면 좋은가?" 하고 걱정을 태산같이 한다. 그러나 불안해하거나 탄식한다고 한들 어쩔 도리가 없다. 그날 그날의 현실을 받아들이고, 그에 맞게 대처해 나가는 수밖에 없다.

물론 단기, 중기, 장기의 대책을 생각해 보는 것도 필요할 것이다. 그러나 상황이 변하면 변하기 이전의 대책 따위는 소용없다. 그런 의미에서는 중장기 대책은 세우지 않아도 된다. 앞일은 알 수 없기 때문이다.

그러므로 그날 그날 걸으면서 생각할 수밖에 없다. "그래, 걸으면서 생각하면 돼" 하고 깨닫게 되면, 자신의 신변 문제나 장래에 대해 미리부터 걱정할 필요가 없어진다. 그리고 "지금까지도 잘해 왔잖아" 하고 스스로를 일깨우다 보면 용기도 생겨난다.

불황이다, 감원이다, 노후 대책이다 하고 걱정거리를 들자면 한이 없다. 그러나 지금까지도 예측할 수 없는 일, 불안한 일들은 무수히 많지 않았던가? 하지만 잘 이겨내 왔던 것이다.

이처럼 스스로를 격려하거나, 다른 사람으로부터 격려의 말을 들으면 마음이 편안해진다.

76
아내의 수입이 나보다 많아도 좋다

최근 일본에서 수도권과 오사카권에 사는 20대에서 30대의 직장 여성을 대상으로 설문 조사를 했다. 결혼 정보 서비스 회사가 실시한 것으로 그에 따르면, 결혼을 희망하는 여성의 69.8%가 자신보다 연수입이 많은 남성을 바라고 있다는 것이다.

대체로 여성의 평균적인 연수입이 남성보다 낮은 것이 현실이다. 남편이 아내보다 수입이 많은 현상이 일반적이다 보니, 이를 전제로 한 부부 형태가 고정화되어 간다.

그러나 앞의 의식 조사에서 나타나는 수치도 생각하기에 따라 다르게 읽혀질 수 있다. 평균 수입으로 비교하면 여성이 압도적으로 낮은데도 불구하고, 약 30%의 여성들이 "배우자의 수입이 자신의 수입보다 적어도 좋다"고 말한 셈이 되는데, 이는 여성들 사이에 "남자에게 부양을 받는다"는 의식이 옅어지고 있음을 나타내는 것은 아닐까?

그런데도 남성들은 좀처럼 변하지 않는다. 자신보다 돈을 잘 버는 여자를 싫어하는 남성이 있는 까닭은, "모름지기 남자는 여자

❝ '남자의 체면' 따위에 연연하다 보면,

마음 편히 지낼 수가 없다 ❞

를 부양해야 한다" 또는 "남자는 일가의 가장이다"는 고정관념에서 벗어나지 못했기 때문이다. 어쩌면 그런 남성들은 스스로에 대한 자신감이 모자란다고도 할 수 있으리라.

필자는 남편보다 수입이 많은 아내를 쌍수를 들어 환영한다. 그러나 여전히 많은 남성들은 이를 "남자의 체면이 걸린 문제다"라고 생각하고 있는 듯하다.

외국계 회사에 근무하는 어느 여성은 "남자의 체면이라고, 그게 도대체 다 뭐야!" 하고 콧방귀를 뀐다. 결국 남자의 체면 따위에 연연하기 때문에, 남성들은 마음 편히 지낼 수가 없는 것이다.

앞으로는 남녀를 불문하고, 짊어지지 않아도 될 짐을 무리하게 짊어지지 않아도 되는 시대가 올 것이다.

인간관계에 윤활유가 되는
"한마디"

77
안녕하세요?

출근하는 길에, 회사 앞 또는 사무실에 들어서면서 "안녕하세요"라는 한마디를 건네면 그때까지 자신만이 존재하는 듯 자신을 중심으로 돌아가던 머릿속에서도, 자연스럽게 사람들과의 교류가 시작된다.

"안녕하세요" 하고 서로 인사를 나누면, 사람의 의식은 개인에서 사회인으로 바뀐다.

"안녕하세요"라는 인사 속에는 상대와 공존하려는 의식과 바람이 담겨 있다. 자신이 건넨 인사말을 상대방이 "안녕하세요" 하고 받아 줌으로써, 상대방의 마음속에도 같은 생각이 있다는 사실을 확인할 수 있다.

직장에서 직원들 사이에 인사를 잘 하도록 권장하는 것도, 모두가 사이좋게 함께 일하자는 의미이다.

"안녕하세요" 하고 인사를 건네고, "안녕하세요" 하고 인사를 되받는 행동 속에는, 전날 거북한 일이 있었다손 치더라도, 서로 그만 잊어버리자는 의도가 담겨 있다.

> **"안녕하세요" 하고 인사를 나누게 되면,
> 사람의 의식은 개인에서 사회인으로 바뀐다**

　또, 인사는 명랑한 인간관계를 유지하는 데 빠뜨릴 수 없는 것이다. 그래서 이쪽이 "안녕하세요" 하고 인사를 건넸는데, 상대방이 아무 반응을 보이지 않으면, 순간 온몸이 딱딱하게 굳어지고 마음이 얼어붙는다. 하지만 단지 상대방이 자신이 건넨 인사를 듣지 못했거나, 인사를 건네는 모습을 보지 못했을 뿐이라는 사실을 확인한다면, 마음이 놓이게 된다.

　이쪽이 아침 인사를 건넨 것을 뻔히 알고서도, 인사로 답하지 않는 것은 상대방을 무시하는 행동이다. 필자가 근무하던 회사에도 그런 사람이 있었다. 그가 "안녕하세요" 하고 인사를 건네는 것을 한 번도 보지 못한 사람이 있을 정도였다. 그는 아마도 자신이 아주 대단한 사람이라고 생각했던가, 아니면 자신의 껍질 속에 꽁꽁 틀어박혀 사는 외곬수였던 모양이다.

　등산을 하는 사람들 사이에서는, 시나쳐살 때 "안녕하세요" 하고 인사를 주고받는 것이 룰이라고 하는데, 이런 룰이 직장에서나 이웃들 사이에 널리 퍼졌으면 좋겠다.

78
제 실수입니다

   회사 지도를 팩스로 보낼 약속을 해놓고 잊어버린 적이 있다. "나중에 보내도 늦지 않겠지" 하고 그 자리에서 바로 보내지 않고 있다가, 바빠서 잊어버리는 경우이다.

   그럴 때는 반드시 사과를 해야 한다. 가능하다면 "죄송합니다. 제 실수입니다" 하고 실수한 주체를 밝히자. 그러면 상대방도 "아니, 그렇게 사과하실 것까지는 없어요" 하고 말해 줄 것이고, 이쪽 사정도 이해해 줄 것이다.

   본디 그렇게 깐깐하게 굴 문제가 아닌데도, 상대방의 재촉에 아무런 사과의 말도 없이 "알았어요. 바로 보낼게요" 하고 말하면, 상대방은 "약속을 해놓고서는, 뭐 이런 사람이 다 있어!" 혹은 "무책임한 사람이군" 하고 생각한다. 그 일 자체는 대수롭지 않더라도, 나쁜 인상을 남기고 마는 것이다.

   그러한 행동은 스스로 자신의 세계를 좁히는 것이다. 사과해야 할 때에는 분명하게 사과를 해야만 일이 원만히 풀린다. 나중에서야 "허둥대다가, 곧 보내겠다는 말만 하고 사과도 못했잖아. 이걸

" 사과해야 할 때에는 분명하게
사과해야만 일이 원만히 풀린다 "

어쩌면 좋지" 하고 후회하게 된다. 그러다 보면 심리적으로 위축 되면서 침울해진다. 그렇게 되지 않기 위해서라도, 처음부터 "죄 송합니다. 제 실수입니다" 하고 말해 버리는 편이 기분도 개운하 고 마음도 편안하다.

사람들이 북적대는 곳에서 남의 발을 밟았을 때에도, "미안합니 다" 혹은 "실례했습니다" 하고 말하면, 자기 마음도 편하고, 상대 방도 상황을 이해해 준다. 그러나 아무 말 없이 시침 떼고 있으면, "어째서 남의 발을 밟는 거야!" 하고 상대방도 험악하게 나오게 된다. 이쪽에서 곱지 않은 말로 나가면, 상대방도 거친 말로 되받 게 되는 법이다.

한마디로 분명하게 "죄송합니다", "용서하세요" 또는 "제 실수 입니다"라는 말을 하면, 두 사람 사이에 일어난 '실수'가 나중까 지 나쁜 영향을 미치지 않도록 할 수 있다. 마음의 밸런스를 유 지하는 데에도 그 편이 좋다.

79
그 사람, 참 좋은 사람이에요

직장 안에서도 담당이 바뀌거나, 부서가 달라지거나, 전근을 가게 될 경우에 지금까지와는 다른 일을 맡게 된다. 그렇게 되면, 전임자와 업무의 인수인계를 해야 한다. 그러면 누구나 "괜찮을까?", "잘 해나갈 수 있을까?" 하고 마음속으로 걱정하게 마련이다.

그럴 때, "같이 일하게 될 사람은 참 좋은 사람이에요" 하고 전임자가 말해 주면, 우선 마음이 놓인다. 아무런 정보가 없는 경우에는, "좋은 사람이에요"라는 말 한마디가 앞으로 맡게 될 업무에 있어서 의지가 된다. 이와 같은 말 한마디로 불안과 긴장이 완화되는 것이다. 그러므로 자신이 후임자에게 일을 인계할 때에도, 똑같은 말을 해주자.

또, 가능하다면 후임자와 같이 일하게 될 사람에게도 "이번에 담당하게 될 ○○와는 틀림없이 마음이 잘 맞을 거예요" 하고 말해 두자. 후임자와 같이 일하게 될 사람도 담당자가 바뀌는 데 대해 불안을 느끼고 있을 것이기 때문이다.

"겨우 호흡을 맞춰 일하게 됐는가 싶었는데, 이제 와서 담당자

> **❝** 어떤 사람이건 좋은 사람이다,
> 마음이 잘 맞을 거다, 하고 소개를 받으면,
> 그 사람에 대해 호의적이 된다 **❞**

가 바뀔 건 뭐야!" 하는 생각이 들겠지만, 개인의 의사나 의견이 쉽게 통하지 않는 것이 직장이라는 곳이다. 그리고 "이번에 같이 일하게 될 ○○와는 틀림없이 마음이 잘 맞을 거예요" 하고 같이 일하게 될 사람에게 말해 놓았다는 것을 후임자에게도 이야기해 놓으면, 그때까지 마음속에 있던 불안은 기대로 바뀌게 된다.

어떤 사람이건 좋은 사람이다, 마음이 잘 맞을 거다, 하고 소개를 받으면, 그 사람에 대해 호의적이 된다. 아무 근거 없는 소문이라도 "좋은 사람"이라는 말을 들으면, 그러한 평가의 연장선상에서 그 사람을 보게 된다. 쌍방의 불안과 긴장이 줄어들면, 업무도 순조로워진다.

아는 사람이 없는 먼 곳으로 부임할 경우에는 누구나 불안하기 짝이 없다. 그럴 때, "이번에 이곳으로 오게 될 ○○씨와는 마음이 잘 맞을 거라고 저쪽에다 이야기해 두었다"는 말을 들으면, 금세 마음이 놓인다.

80
인상이 참 좋으시군요

사람과 사람의 관계는 상당 부분 첫인상에 좌우된다. 처음 만난 순간 "인상이 좋은 사람"이라는 생각이 들면, 그 다음부터는 "인상이 좋은 사람"이라는 느낌이 전제가 되므로 단점도 장점으로 보인다.

또, 첫인상에서 "인상이 별로 좋지 않은 사람"은 장점도 단점이 되고 만다.

본디 단점과 장점은 동전의 양면 같아서, '성질이 급하다'는 것은 보기에 따라서는 '적극적이다', '행동력이 있다'는 것이 될 수도 있고, 그 반대일 수도 있다.

그런 의미에서 상대방에게 좋은 첫인상을 준다면, 원만한 인간 관계로 이어질 수 있다. 그러므로 사람을 대할 때에는 청결해 보인다, 인상이 밝다, 예의바르다, 분별력이 있다, 상대의 비위를 거스르지 않는다, 등등의 인상을 주는 것이 중요하다. 그것이 바로 사람들에게 호감을 얻는 조건이다. "인상이 참 좋으시군요"라는 말처럼 처음 시작하는 인간관계에서 힘이 되는 말도 없다.

66 가능한 한 상대의 단점을 보지 말고
장점을 보려고 노력하자 99

일반적으로 사람들이 호감을 갖는 경우는 첫인상이 좋거나 자신의 생각이나 가치관이 상대와 비슷할 때이다.

그러면 어떻게 해야 상대방에게 호감을 갖게 될까? 그것은 사람을 만났을 때, 가능한 한 상대의 단점을 보지 말고, 장점을 보려고 노력하는 것이다.

상대방과 자신의 생각이나 가치관이 비슷한지 여부를 알려면, 상대방과 적극적으로 이야기를 나누어 보아야 한다. 하지만 그렇게까지 하지 않더라도, 조금이라도 상대방과의 공통점을 발견할수 있으면 서로의 거리를 좁힐 수 있다.

아무튼 적극적으로 사람과 사귀려는 태도가 사람들에게 호감을 얻기 위한 필요 조건이다.

81
괜찮으세요?

교통 사고 현장에 온 경찰의 첫 마디가 "면허증!"이었다며 화를 내던 사람이 있다. 아무리 그래도 첫 마디는 "괜찮으세요?"라거나 "다치지는 않았습니까?"라는 말이어야 하지 않겠느냐는 것이다.

똑같은 자동차 접촉 사고이지만, 이런 이야기도 있다.

어느 여성이 차를 후진시키려다가 그만 정차해 있던 다른 차를 받아 버렸다. "앗, 큰일났다" 하고 깜짝 놀라서 당황해 하고 있는데, 부딪힌 승용차에서 중년 남자가 내리더니 다가왔다.

"뭐라고 말을 해야 할지, 무슨 요구를 들고 나올지" 하고 그녀는 온몸이 꽁꽁 얼어붙기라도 한 것처럼 꼼짝도 못하고 있었다고 한다.

그런데 그 남자가 건넨 첫 마디는 "괜찮으세요?"였다. 그 여성은 그 한마디 말에 긴장이 풀어지면서 불안이 싹 가셨다고 한다.

그녀가 생각했던 만큼 접촉 사고가 크지 않았고, 남자의 차가 낡은 차이기도 했지만, 그 상황에서 "괜찮으세요?"라는 말을 하기란 그리 쉽지 않다. 그랬기 때문에 그 여성은 구원이라도 받은

66 말에는 상대방에 대한 배려가 담겨 있어야 한다 99

기분이었던 것이다.

밤을 새워 간신히 일을 끝마친 부하 직원에게 아침에 출근한 상사의 첫 마디가 "시킨 일은 다 했겠지?"라면, 부하 직원의 기분이 어떻겠는가? "잠도 못 잔 모양인데, 괜찮은가?"라거나 "고생했지?"라는 위로의 말을 건네는 것이 당연하지 않겠는가?

상사에 대한 구심력, 신뢰감이 그 한마디에 좌우되는 경우는 드물지 않다.

음식 배달을 나서려는 가게 종업원이 발이 삐끗하는 바람에 음식 그릇을 엎으면서 넘어졌다고 하자. "뭘 꾸물거린 거야! 조심했어야지" 하고 호통을 치는 것과, "괜찮니?" 또는 "어디 다친 데는 없는 거야?" 하고 말하는 것은 종업원 입장에서 볼 때 엄청난 차이가 있다.

말에는 상대방에 대한 배려가 담겨 있어야 하는 것이다.

82
날씨가 좋아졌네요

"영업 쪽 일을 하고 있어서 여러 사람을 만나게 되는데, 그럴 때마다 듣는 말이 있어요" 하고, 필자가 강사로 나가던 〈대화의 요령과 기술〉이라는 문화 강좌의 수강생이 고민을 털어놓았다.

그는 만나는 사람들에게서 늘 "만나자마자 일 이야기부터 꺼낸다"는 이야기를 듣는다고 했다.

그러나 그는 상대방에게 "그렇게 허둥지둥 본론으로 들어갈 건 없잖아"라는 핀잔을 들어도, 실제로 무슨 이야기를 어떻게 해야 할지 몰라 더 허둥대게 된다고 한다.

잡담이나 대화가 서툰 까닭은, 사람과 사람의 관계란 불편하고 거북스러운 것이라고 스스로 단정짓고 있기 때문은 아닌가? 이럴 땐 우선 자유롭게 눈앞에 보이는 것, 머릿속에 떠오른 생각을 이야기해 보는 것이다.

사람과 사람이 만났을 때에도, 서로 "안녕하세요" 하고 인사만 겨우 건넨다면, 두 사람은 그대로 지나치는 것으로 끝나고 말 것이다. 그러나 "날씨가 좋아졌네요"라고 하면, "그렇군요" 하고 말

> **" 잡담이나 일상적인 대화를 잘 하는 것도**
> **인간관계를 원활하게 하는 기반이 된다 "**

을 주고받음으로써 잠시 걸음을 멈추게 된다. 그러면 그곳에는 두 사람만의 공간이 생겨난다.

그 정도 이야기만 나누고 헤어지건, 그 자리에 서서 잠시 이야기를 나누건 상관없다. 그곳에는 두 사람이 스쳐 지나쳐 버렸다면 생겨나지 않을 인간관계가 생겨난 것이다. 이야기의 실마리는 시시한 것이어도 좋고, 사소한 것이어도 괜찮다. 예를 들면, 거래처로 가는 길에 본 것이나 느낀 것, 어제 만난 사람에게서 들은 이야기라도 좋다. 상대방을 만난 것이 오후라면, "오전 중에도 외근 안 나가고 사무실에서 죽 있었어요?"라고 말하며 상대방의 이야기를 이끌어 낼 수도 상대방에게 넘길 수도 있다. 이렇게 하면 대화는 주거니 받거니 이어지게 되어 일방적으로 흐르는 일은 없다.

또한 대화의 요령이나 기술을 익히기 위해, '수다쟁이'라고 불리는 사람의 말투나 이야기 내용을 참고하는 것도 좋은 방법이다.

83
이런 계획을 세워 봤는데요

상사에게서 "이것 좀 해주게"라는 말을 듣는 일이 있다.

그래서 "어떻게 하는 겁니까?" 하고 질문하면 상사는 "그 정도는 자네가 스스로 생각해서 하게" 또는 "자네한테 맡길 테니까, 맘대로 하게"라고 대답한다. 그래서 자신의 방식대로 일을 하고 있으면, 어느 날 "그때 말한 일은 어떻게 됐나?" 하고 묻는다. "지금이러이러한 상태입니다" 하고 설명하면, "그렇게 하고 있단 말이지? 그러면 안 돼" 하고 말하는 것이다.

예를 들면, "고객에게 드릴 선물 말인가? 자네가 알아서 하게" 하고 말하고는, "말씀하신 선물로 앨범을 결정했는데, 앨범 표지색을 못 정했습니다. 어느 쪽이 좋을까요?" 하고 상사에게 상의를 하면, "앨범이라고? 그런 걸 선물한단 말야? 나는 그런 얘긴 못 들었어" 하고 말하는 것이다.

그럴 때, 부하 직원은 당황해서는 "알아서 하라고 하셔서 일을 여기까지 진행했는데…"라며 안절부절못하게 된다.

직장에서는 종종 이런 일이 일어난다. 그리고 그럴 때마다 상

사나 부하 직원 모두가 거북해진다. 그러나 그럴 때에 대부분의
상사들은 자신의 직위를 내세워, "그래선 안 돼!" 하고 일방적으
로 부하 직원에게 호통을 친다.

부하 직원은 자신이 왜 야단을 맞아야 하는지 몰라서 어안이 벙
벙하지만, 아무 말도 못하고 입을 다물게 된다. "알아서 하라고 말
씀하셨잖아요" 하고 자신의 입장을 말해도 상사가 "그런 것까지
알아서 하라고 하진 않았네" 하고 말하면 어쩔 도리가 없다.

그러므로 상사가 "알아서 하게"라고 말해도, 일의 진행 단계마
다 "이렇게 해도 될까요?", "이런 계획을 세워 봤는데요" 하고 보
고를 해두어야 한다. 위에서 든 상사와의 트러블은, 부하 직원이
자신의 업무 능력에 대해 어느 정도 자신감을 가지고 있을 때에
일어나기 쉽다. 따라서 업무를 진행해 나가는 중간 중간에 상사와
의논을 한다면, 뒷일이 편해진다.

직장생활에서는 상사에게 보고하고, 연락하고, 의논하는 것이
중요하다.

84
고맙습니다

"손님에게 차를 건넸을 때에 고맙다는 말을 들으면, 마음이 푸근해지는 것 같아요" 하고 어느 직장에 다니는 여성이 이야기했다. 그럴 때는 저절로 입가에 웃음이 피어오른다고 한다.

누구나 "고맙습니다"라는 말을 들으면 마음이 환해진다. 가슴이 뿌듯해진다. 물건을 사거나, 식사를 한 뒤에도 "고맙습니다"라는 말을 들으면, 새삼 물건을 참 잘 샀다거나 음식이 맛있었다는 기분이 든다.

이런 예에서 보듯이, "고맙습니다"라는 한마디가 얼마나 인간관계를 좋아지게 하는지 알 수 있다.

그러므로 항상 "고맙습니다"라는 한마디를 잊지 않기를 바란다. 기분이 좋아지고, 마음이 뿌듯해지면, 자신에 대한 상대방의 태도도 우호적이 된다. 그렇게 되면 자신도 상대방을 편안하게 대할 수 있다.

곰곰이 생각해 보면, 손님에게 차를 내는 것은 그 사람의 업무의 일부이므로, 당연한 것으로 받아들이고 감사의 말을 할 필요가 없

66 감사의 말 한마디가 자신과
상대방의 마음을 환하게 만든다 99

다고 여길 수도 있다. 그러나 인간관계라는 것은 논리만으로는 성립되지 않는다.

그것은 입장을 바꿔놓고 생각하면 이해가 간다. 만약에 당신이 상대방에게 한 일에 대해 "당신은 당신의 일을 했을 뿐이고, 그렇게 하는 것이 당연한 일이잖아요?"라는 말을 들었다면 어떻겠는가? 말로는 표현하지 않더라도, 그런 태도를 보인다면 어떨까?

그런 경우와, 당연한 일을 했을 뿐이라고 생각하고 있는데 "고마워요" 하고 감사의 말을 들었을 경우를 비교해 보자. "당연한 일"이라고 생각하고 있었던 만큼, 감사의 말은 뜻밖이라고 여겨지고, 뜻밖의 일인 만큼 기분이 좋지 않겠는가?

종업원이 "감사합니다" 하고 말하는 것은 당연하지만, 그럴 때 손님도 "고마워요" 하고 말하면 어떨까? 서비스를 하는 쪽, 받는 쪽 모두가 기분이 좋아질 것이다.

85
이렇게 했으면 좋겠습니다

부하 직원 눈치를 보는 것인지 아니면 늘 '좋은 사람' 행세를 하고 싶은 것인지, 부하 직원의 말에 반대를 하지 않는 상사가 있다. 어쩌면 그런 상사는 부하 직원의 비위를 맞추어서 부하 직원이 일을 하게끔 만들 수 있다면, 그것도 괜찮은 방법이라고 생각하는지도 모른다.

그런 부서는 좋게 말하면 분위기가 자유롭다고도 할 수 있겠지만, 왠지 모르게 체계가 잡혀 있지 않다. 제각기 좋을 대로 일을 하는 것 같아도, 성과가 오르지 않는다. 그러나 다른 부서도 마찬가지로 성과가 오르지 않으므로, 그 부서장 혼자 경영자에게 불려가서 잔소리를 듣는 일도 없다. 이것은 바로 가망이 없는 회사의 전형적인 모습이다.

상황이 이렇게 돌아가고 있다면 부하 직원이 상사에게 제안을 하는 경우가 있을 수 있다.

"부장님이 솔선수범해 주시지 않으면 부서가 제대로 돌아가지 않아요."

66 상사에게 직언을 할 때에는
지시를 하듯이 말하는 것은 좋지 않다 99

"내가 솔선수범하면 모두가 움직인다고 생각하고 있나, 자네는?"

"그렇습니다."

"자네가 보기엔 그런 상황이란 말이지?"

"정말 이대로 두었다가는…"

"자네 지금 나한테 지시를 하려고 드는 건가?"

일이 이렇게 되면 부하 직원과 상사 사이가 거북스러워진다.

일반적으로 사람들은 남에게 지시 받기를 싫어한다. 특히 자신보다 아랫사람에게 지시를 받으면, 평소에 성품이 온화한 사람이라도 "자네는 그런 말을 할 처지가 아닐 텐데" 하고 부루퉁해지게 마련이다. 그것은 '지시'의 내용과는 무관하다. 내용이 타당한 것이라도, 지시를 받는다는 것 자체만으로 속이 편치 않게 되는 것이다.

그렇기 때문에 상사에게 직언을 할 때에는 "이렇게 했으면 좋겠다"고 말하는 것은 괜찮지만, "이렇게 해 달라"고 지시하듯이 말하지 않는 것이 좋다. 기억해 두면 손해보지 않을 말이다.

86
모두 여러분 덕분입니다

"딱" 하는 소리와 함께 타구는 멀리 뻗어나가다가 관중석으로 빨려 들어간다. 만루 홈런이다. 관중석에서 울려 퍼지는 커다란 환호성. 시합은 단번에 역전된다. 3점을 지고 있던 9회 말에 만루 홈런이 터지면, 경기는 그대로 끝난다. 당연히 홈런을 친 타자는 영웅이 된다.

어느 날 밤, 이런 극적인 전개로 프로야구가 끝나는 장면이 TV 스포츠 뉴스 시간에 방영되었다. 그때 담당 캐스터가 해설이라고도 감상이라고도 할 수 없는 어조로, "혼자서는 만루 홈런을 칠 수 없다"고 말했다.

오래 전 일이지만, 이 말이 잊혀지지 않는다.

이 세상에는 개인의 업적처럼 보이는 일들이 많이 있지만, 그 업적의 배후에는 많은 사람들의 협력이 있다. 분명 홈런을 친 타자는 소속팀이나 팬에게 있어서는 수훈을 세운 사람이다. 그러나 진루를 한 선수가 없었다면, 홈런을 치더라도 1점밖에 나지 않는다. 만루 홈런으로 시합을 역전시킬 수 있었던 것은 1루, 2루, 3루에 진루한 선

❝ 혼자서는 만루 홈런을 칠 수 없다는 말을
가슴 속에 새겨 두자 ❞

수가 있었기 때문이다. 그러나 이러한 사실은 자칫 잊혀지기 쉽다.

비즈니스의 장에서나 그 밖의 상황에서도 마찬가지이다.

훌륭한 일을 해서 표창을 받는 사람은 물론 훌륭하다. 그러나 그 업적은 혼자서 이룬 것이 아니다. "이 상을 받게 된 것은 모두 여러분 덕분입니다", "제게 주신 상이 아니라, 우리 모두에게 주신 상이라고 생각합니다"라는 말의 이면에는 그러한 사실에 대한 배려가 담겨있다.

그러므로 모든 상황, 모든 관계에서 이러한 자세를 실감으로 공유할 수 있다면, 인간관계는 원만해질 수 있다.

그런데 남편이 아내에게, "당신 덕분이야" 하고 말해 놓고, 그 말을 뒷받침할 아무런 구체적인 행동을 하지 않거나, 오히려 자신의 말에 반하는 행동을 한다면, 두 사람 사이에 풍파가 일게 된다. "순 말뿐이야" 하고 여기게 되는 것이다. 아무든 인산관계를 원만히 유지하기 위해서는 "혼자서는 만루 홈런을 칠 수 없다"는 말을 가슴 속에 새겨 두어야 할 것이다.

87
좋은 징조네요

　결혼식 같은 경사스러운 자리에서 입에 담아서는 안 되는 말이 있다. '헤어지다', '깨어지다', '끊기다', '잘리다', '본래로 돌아가다', '떠나다', '죽다'와 같은 말은 사람들이 입에 올리기를 꺼린다. 그런 말들은 영원한 사랑 또는 백년해로(百年偕老)라는 혼인의 소망에 상반되는 것이기 때문이다.

　전통을 중히 여기는 연회이거나, 연회장에 연세가 많은 어르신이 계시는 경우라면 특히 주의가 필요하다.

　IT 시대가 되어도, 재수를 따지는 사람이나 사소한 말에 신경을 곤두세우는 사람이 많다. 예를 들면 '4979'라는 차 번호를 보면, 농담이라도 "사고치고인가요?" 하고 말해서는 안 된다. 그 말을 들은 사람은 "사고라도 칠 거라는 소리인가!" 하고 이 말 때문에 기분이 상할 것이고, 그 말을 한 사람에 대한 원망을 오래도록 가슴에 품고 지낼 것이다.

　만담 중에 이런 이야기가 있다. 상점 주인이 정월에 떡을 먹고 있는데, 떡에서 못이 나왔다. "이게 뭐야! 정월부터 재수 없게 말

66 긍정적인 뉘앙스의 말로 상대방의 호감을 사자 99

이야" 하고 화를 내자, 옆에 있던 점원이 "떡 안에서 쇠붙이가 나온 걸 보니 부자가 될 길조입니다" 하고 말했다는 이야기다.

사소한 말 한마디로, 인간관계를 좋은 방향으로 발전시킬 수 있다.

또 이런 일화도 있을 수 있다. 핸드폰 번호가 '4444'인 것을 보고 "불길하게 4가 네 개라니" 하고 말하는 사람이 있을 테고, 또 "번호가 쉬워서 누구든 쉽게 기억하니, 하시는 일이 참 잘 될 것 같아요" 하고 말할 사람도 있을 것이다.

'말 한마디에 천냥 빚을 갚는다'는 말이 있지 않은가.

88
혼자 할 수 있는 일은 나중에 하자

직장에서 회의나 미팅을 할 때, 좀처럼 정해진 시간에 사람들이 모이지 않는다.

어디에나 시간 감각이 느슨한 사람은 있지만, "미팅 시간이야. 가지" 하고 말해도, "잠깐 기다려. 이것 좀 해 놓고…" 하고 책상에서 일어서지 않는 사람이 있다. 외부 사람과 만날 약속을 잡아놓고도, "이거 좀 정리하고…" 하고 출발 시간을 지체시키기 때문에 약속에 늦어 버린다.

약속 시간에 늦는 사람을 관찰하면, 실컷 늑장을 부리다가도 기다리고 있던 사람 앞에 오면 갑자기 뛰기 시작하는 사람이 있다. 처음부터 시간적 여유를 두었더라면, 그런 데서 뛰지 않아도 될 것이다.

학교 때 친구를 만나 이런저런 이야기를 나누던 중에 그 이야기를 했더니, "우리 부서에서는 '혼자서 할 수 있는 일은 나중에 하자'를 모토로 하고 있어" 하고 그 친구가 말했다.

'일의 순서'라는 말을 하는데, 순서에서 중요한 것은, 그 일에 연

> **일의 순서를 따져, 그 일에 관련된 사람이 많고
> 중요한 일부터 먼저 처리한다**

관된 사람이 많은 일부터 먼저 처리해야 한다는 점이다. 두 사람이 담당하는 업무의 분배를 결정하는 것보다, 열 명이 담당하는 업무의 분배를 먼저 정해야 한다. 자기 부서 사람들끼리 하는 업무보다 다른 부서의 협조를 받는 업무를 먼저 해야 한다. 그리고 다른 업체의 협력이 필요한 업무는 그보다 우선되어야 할 것이다. 물론 예외가 없지는 않지만, 이것이 바로 생각이나 행동의 기본이다.

어디서나 이런 원칙이 지켜진다면, 업무 능률이 오를 뿐만 아니라, 자연히 인간관계도 좋아질 것이다. 왜냐하면 "저 사람 뭘 저렇게 꾸물거리는 거야?" 또는, "저 사람 제시간에 갈 수 있겠어?" 하고 주변 사람들 사이에 생겨날 잡음의 여지가 없어지기 때문이다.

아무리 강조해도 지나치지 않는 건, 약속을 지키는 자세를 몸에 습관처럼 익히는 것이다.

89
부탁이 있는데요

퇴근 준비를 하는 동료에게 "이거 좀 해주지 그래!" 하고 일을 들이밀면, 상대방은 "내일 해요!" 하고 나오게 된다.

그러나 "부탁할 게 좀 있는데…", "미안한데…" 하고 말을 꺼내면 상대방은 "뭔가요?" 하고 이쪽 이야기를 들을 자세를 취한다. 그러면 상대방에게 강요를 한다는 느낌이 사라지면서 분위기가 부드러워진다.

두 사람이 이야기를 나눈 결과, 일을 내일로 미루더라도 "내일 하면 되잖아요!"와 "내일 하면 안 되겠어요?" 정도의 뉘앙스 차이가 생길 것이다. 두 번째 대답이 훨씬 인간관계를 좋아지게 할 수 있다.

다른 사람에게 부탁을 할 때는, 상대방의 기분이나 태도를 자신에게 돌려놓을 한마디 말을 하는 것이 좋다.

"이 기획서, 제대로 다시 쓰세요!" 하고 느닷없이 말하는 것과,

"저기, 부탁할 게 있는데…"

"뭐죠?"

겸손한 말로 시작함으로써, 상대는 이쪽
이야기에 귀를 기울이게 된다

"이 기획서 좀 새로 써 주었으면 좋겠는데"라고 말하는 두 대화를 비교해 보면 그 차이를 잘 알 수 있을 것이다.

직장이라는 곳에서는, 상사는 늘 명령조로 나오게 되고, 업무는 위에서 아래로 내려오게 마련이다. 하지만 이러한 시스템이 받아들여지는 것은, 부하 직원이 그것을 당연시할 수 있는 범위에 한정된다. 보통의 근무 형태를 넘어설 때에는, 나름대로 그에 대한 배려가 있어야 한다. 그렇지 않으면 부하 직원은 반발한다.

일반적으로 다른 사람에게 부탁을 할 때는, 우선 상대방이 이쪽을 향하게끔 해야 한다. "불편을 끼쳐 드릴 거 같아 죄송스럽지만…", "바쁘신데 죄송하지만…", "한가하실 때 해주셔도 되는데…", "긴한 부탁이 있는데…" 하고 겸손한 말로 시작함으로써, 상대는 이쪽의 이야기에 귀를 기울이게 된다.

어떤 관계에서라도, 강요와 겸허하지 못한 태도는 상대방에게 반발심을 불러일으킨다.

90
'냉정한 사람'과 '쿨한 사람'

사무실이나 거래처에서 동료나 아는 사람이 화제에 오르는 경우가 있다. 그렇게 왁자지껄하게 떠들며 이야기하다 보면, "A씨는 본질적으로 냉정한 사람이야"라는 이야기가 나오기도 한다.

그럴 때에 "그래, 맞아. 정말 냉정한 사람이야" 하고 맞장구를 치면, 다들 흥이 올라 이야기꽃을 피우게 된다. 하지만 그 자리에서 한 이야기가 나중에 A씨의 귀에 들어갈 가능성이 있다.

어느 날 A씨가 느닷없이 "○○씨는 나를 냉정한 사람이라고 했죠?" 하고 따지고 들게 된다. 그 말을 들으면 "어!" 하고 말문이 막히고 만다. 게다가 "××씨한테 들었어요"라는 말까지 듣고 보면, 더 어이가 없다.

그러므로 남의 소문이나 험담이 화제에 오르는 곳은 가능한 한 피하는 것이 좋다. 하지만 현실적으로 볼 때 그렇게 하기는 힘들다. 게다가 다른 사람의 소문이나 험담 이야기일수록 더 재미있게 마련이다.

그런 의미에서 보면 자신도 공범자인 셈이지만, 그럴 때에는

다른 사람에 대한 평가도 부정적인 어감이 드는 말을 긍정적인 어감이 드는 말로 바꾸어 사용하자

'수다'를 '사교적'이라고, '화를 잘 내는 사람'을 '열혈한'이라고, '따지고 들기를 좋아하는 사람'을 '이론가'로, '제멋대로 구는 사람'을 '자기 확신이 강한 사람'으로, '침착성이 없는 사람'을 '활동적인 사람'이라는 식으로, 부정적인 어감의 말을 긍정적인 어감이 드는 말로 바꾸어 사용하도록 노력하는 것도 필요하다.

하기는 그런 배려만 하다 보면 주변 사람들로부터, "착한 척은 혼자 다 한다"는 말을 듣거나, "당신은 신중한 사람이라고 할지 모르지만, 아무래도 그 녀석은 행동이 너무 굼떠" 하고 빈축을 사기도 한다. 아무튼 인간관계란 쉽지 않다.

그래도 가능한 한 다른 사람에게 상처를 주지 않는 말, 완곡한 표현을 선택하려고 노력하다 보면, 자신의 심리적 균형 감각을 유지할 수 있다.

91
큰돈이라도 괜찮아요

"잔돈이 없어서 그러는데, 자네가 좀 내줘"라거나, "나중에 갚을 테니까, 빌려 줘" 하고 말하는 사람이 있다. 점심 시간 때나 찻집에서, 혹은 퇴근길에 가볍게 요기나 하려고 들른 국숫집이나 편의점에서 종종 있는 일이다.

그럴 때에는 "그러지, 뭐" 하고 선선히 돈을 내 주지만, 커피값이나 라면값 등은 큰돈이 아니라서 좀처럼 돌려 받지 못한다. 잊어버린 것인지, 돌려줄 생각이 없는지… 빌려준 사람도 금액이 작아서 돌려달라고 말하기가 어렵다. 갚으라고 하고 싶지만, 독촉을 하면 "별 것 아닌 걸로 소심하게… 쩨쩨한 녀석 같으니라고" 혹은, "통이 좁군" 하고 상대방이 생각할 것 같기 때문이다.

또한 빌려준 돈의 금액이 작을 경우에는, 종종 자신조차 돈을 빌려준 일을 잊어버린다. 그럴 경우, 이삼 일 지난 어느 날 상대방이 "자, 이거" 하고 돈 몇백원을 내밀면, "이게 뭐야?" 하고 뜨악한 표정을 짓게 된다.

잊어버리고 지나치는 경우는 누구에게나 있을 수 있다. 특히 빌

> **66** 갚을 생각이 없는 사람에게는
> "잔돈이 없어서"라는 말을 들어도,
> "큰돈이라도 괜찮아요" 하고 말해 주자 **99**

려준 사람과 빌린 사람이 허물없는 사이일 경우에는, 두 사람 모두 잊어버리는 일도 드물지 않다. 그러나 사람들 중에는 빌렸다는 사실을 기억하면서도 갚지 않는 사람도 있다. 그래서 잊어버린 척 하면서 시침을 뗀다.

즉 "잔돈이 없어서"라거나 "지폐밖에 없어서" 하고 말할 때부터 이미, 상대방이 재촉하지 않으면 갚지 않을 생각을 하고 있는 것이다. 이런 사람을 인색하다고 해야 할까, 째째하다고 해야 할까, 아니면 품격이 떨어진다고 해야 할까 모르겠지만, 그런 행동을 즐기는 사람도 없지 않다.

동전이 수중에 있어도 "지폐밖에 없다"고 말하는 사람도 있다. 이런 타입의 사람에게는 "잔돈이 없어서"라는 말을 들어도, "큰돈이라도 괜찮아요" 하고 말해 주자.

그러면 "왜 안 갚는 거지", "재촉할 만한 액수의 돈도 아니고…" 하고 혼자 고민할 일도 없어진다. 그렇게 하는 편이 마음이 편안하다.

92
나중에 다시 이야기합시다

　회의를 하거나 잡담을 나눌 때라도, 의견이 다른 사람들 사이에 대립이 빚어질 수 있다. 사람들이 다 똑같은 생각을 가진 것도 아니고, 제각기 자신의 의견을 가지고 있기 때문에 어쩌면 당연한 일이다. 자신의 의견을 주장하며 논쟁을 벌일 수 있다는 것은, 그곳의 분위기가 자유롭다는 것을 의미하므로, 바람직한 일이 아니겠는가?

　"과연 그럴까!", "그렇지 않다고 보는데…" 하고 생각하면서도, 발언자 눈치를 살피느라고 다들 입을 다물고 있는 상명하달식 회의보다는 한결 낫다.

　그러나 논쟁을 벌일 때마다, 이기고 지는 것에 집착하는 사람도 있다. 자신의 의견이 우세해지면 "어떠냐, 내 주장이 옳지?", "이겼다, 이겼어! 저 녀석 코가 납작해졌어" 하고 통쾌해 한다. 반대로 자신의 의견이 받아들여지지 않으면 "분하다, 다음 번에는 절대로 안 질 테야" 하고 억울해 한다.

　처음에는 의견이 맞서더라도 두 사람 모두 냉정을 잃지 않지만,

66 논쟁을 위한 논쟁에 빠지지 말고, 전체적인 조화를 고려한다 99

서로 자신의 의견을 고집하다 보면 언성을 높이고 얼굴을 붉히게 된다. 그러다 보면 주제에서 벗어나서, 두 사람은 논쟁을 위한 논쟁에 열중하게 된다.

결국에는 상대방에 대한 인신공격이 시작된다. 논쟁에 열을 올리는 것은 두 사람뿐이고, 나머지 사람들은 시들해져 버린다. "그만 좀 하지 그래" 하고 생각은 하지만, 여간해서는 둘 사이의 논쟁에 끼어들 수가 없다.

그럴 때에는 "그 문제에 대해서는 나중에 다시 이야기합시다"라는 한마디가, 그곳에 있는 사람들을 구해준다. 마음을 졸이며 지켜보던 주위 사람들의 마음도 편안해진다.

개인주의가 만연하면서 좌중을 두루 살피고, 전체적인 조화를 유지하기 위한 행동을 취하려는 사람이 갈수록 줄어들고 있다.

"두 사람 사이의 일이야. 우리하고는 상관없어" 하고 내버려두면, 결국 자신을 둘러싼 인간관계도 조화를 잃고 만다.

93
당신처럼 미각이 예민하지 못해서

직장 내에나 거래업체에 식도락가, 브랜드 통(通)을 자칭하는 사람이 간혹 있다. 그런 사람들은 "시계는 뭐니뭐니해도 스위스의 ○○이지" 하고 말한다.

세상에는 여러 가지 일들에 두루 밝은 사람이 많이 있다. 그래서 이야기를 듣는 것만으로도 다양한 정보를 얻을 수 있으니, 고마운 일이 아닐 수 없다. 하지만 자신의 취향을 남에게 강요하는 것은 받아들이기 어렵다. 자신과 같은 취향을 가지지 못한 사람은 모두 무지하고, 시대에 뒤떨어졌고, 센스가 없다는 듯이 행동하는 사람에게는 질려버리게 된다.

비즈니스 사회를 살아가기 위해서는 겉치레도 필요하고, 허세를 부리는 것이 때로 효과적일 때도 있다. "옷이 날개다"라는 말처럼, 구깃구깃한 양복보다는 브랜드 양복을 입고 있는 편이 사람들에게 좋은 인상을 준다.

또한 생선은 어느 산지의 것이 가장 좋고, 와인은 어느 상표의 것이 좋다는 이야기를 못하는 것보다는 할 줄 아는 편이 나을 것이다.

> **❝** 여러 분야의 '통(通)'이 되는 것도 좋겠지만,
> 자신의 취향을 남에게 강요해서는 안 된다 **❞**

　그러나 각 산지의 장어를 실제로 먹어보고 구별할 줄 아는 사람은 별로 없을 것이다. 실제로 식탁에 올랐을 때, 그것을 입맛으로 구별할 수 있는 혀를 가진 사람이 얼마나 있겠는가?

　예컨대 접시에 담겨 나온 파가 국산인지 중국산인지를 아는 사람이 과연 있을까? 우선 식탁 위에 차려진 음식을 그런 관점에서 보는 사람이 있을까?

　아무튼 음식에 대해서 상대방의 설명이 지나치다는 생각이 들 때에는, "미안하지만, 저는 당신처럼 미각이 예민하지 못해서…"라는 말로, 이야기를 현실로 돌려놓는 것은 어떨까?

　깜깜한 곳에서 담배를 피우게 한 다음, 담배의 브랜드를 맞추는 테스트를 했더니, 의외로 답을 맞추는 사람이 거의 없었다고 한다. 이러한 결과는 맛의 식별 또한 패키지나 브랜드의 이름 같은 것에 크게 영향을 받는다는 사실을 보여 준다.

94
나도 이런 내게 정나미가 떨어져

"당신 정말 못 말릴 사람이군요. 방 청소 하나 안 하려 든다니까. 빈둥거리기만 하고, 정말이지 정나미가 다 떨어져요"라는 아내의 말을 들어본 적이 없는가?

이럴 때에 "남 얘기 하기 전에 냉장고 문부터 열어 보지 그래. 방보다는 냉장고 청소가 먼저지 않겠어?" 하고 남편이 되받아치면,

"밥 한 번 안 짓는 사람한테 냉장고가 무슨 상관이에요?"

"맥주를 꺼낼 때마다 늘 생각하는 거야."

"무슨 생각요?"

"칠칠치 못한 여자라고 말야."

"잘도 그런 말이 나오는군요. 종일 잠옷차림으로 빈둥거리는 게 더 칠칠치 못한 거 아닌가요?"

이런 식으로 말다툼은 격해진다.

그러나 이럴 때에 "그러게 말야. 실은 나도 이런 나 자신에게 정나미가 떨어져" 하고 말하면, 짜증을 내려던 상대방도 맥이 풀리고 만다. 그러면 남편의 말에 "정말 당신이란 사람은 어쩔 수

> **❝** 무슨 말을 들어도 단순한 반응밖에
> 할 줄 모르는 사람은,
> 집단 속에서 설자리를 잃게 된다 **❞**

가 없어요…" 하고 아내가 쫑알댈지언정, 그 이상 말다툼으로 번지지는 않을 것이다.

그러고 나서 남편이 "그럼 이제 슬슬 일어나 볼까" 하고 말하면, 분위기도 누그러진다. 게다가 "한동안 안 갔으니까 회전초밥집에나 갈까? 살 것도 좀 있고, 날씨도 좋으니까…"라는 한마디를 덧붙이면 '저기압'은 걷히고 만다.

조금 언짢은 말을 들으면 곧바로 되받아치는 단순한 반응밖에 할 줄 모르는 사람은 직장에서도 점점 설자리를 잃게 된다. 사소한 말 한마디에 화를 내고, 상대방에 대해 미움의 감정마저 품게 된다.

95

유감스럽지만, 안 되겠군요

못 하는 것은 "못 한다"고 분명히 말해야 한다. 이것이 바로 인간관계를 필요 이상으로 질척거리지 않게 하는 방법이기도 하다. 결국은 못 한다는 것을 알면서도, 거절하기 미안해서 상대방을 질질 끌고 다니다 보면, 나중에는 오히려 원망을 듣는다.

"처음에 거절했으면, 다른 사람에게 부탁해 볼 수 있었는데, 이제는 다른 사람에게 부탁할 수도 없게 되었잖아요. 어째서 처음에 딱 잘라서 거절하지 않았어요?" 하고 추궁을 당하게 된다.

"최후에 배신하는 사람이 최대의 배신자"라는 말이 있다. 부탁을 받은 경우에도, 상대방이 다른 사람에게 부탁해 볼 수 있는 단계에서 거절하면, 상대는 그다지 큰 충격을 받지 않는다. 그러나 최후에 거절한 사람은, 부탁을 거절한 다른 사람들에 대해 상대방이 품고 있던 원망과 불신감을 모조리 떠안게 된다. 생각대로 풀리지 않는 현실에 대해, 그런 식의 반응밖에 못할 정도로, 소망을 이루지 못한 사람의 절망이 깊기 때문이다.

남녀간의 문제도 이와 비슷한 원인에서 비롯되는 경우가 있다.

처음부터 'YES' 'NO'를 분명히 해두면
문제를 보다 이성적으로 해결할 수 있다

"책임도 못 질 거면서 어째서 여기까지 끌고 온 거예요?" 하고 나오게 된다면, 이미 그때는 이성의 단계가 아니다. "당신하고 사귄 3년을 되돌려줘요!"라는 말을 들어도, 어쩔 도리가 없다.

대개 우리가 인간관계로 고민하는 까닭은 거기에 감정이 얽혀 있기 때문이다. 이성적으로 처리하려고 해도 이미 불가능해졌기 때문이다. 처음에 'YES' 'NO'를 분명히 해두는 것이 좋다는 이유도, 가능한 한 문제를 이성적으로 풀어나갈 수 있는 동안에 문제를 해결하려는 시도의 하나라고 할 수 있다.

그리고 거절할 때에도, 상대의 감정을 나쁜 쪽으로 자극하지 않도록 "모처럼 해주신 말씀이지만…", "유감스럽지만…", "기대에 보답하지 못해서 죄송하지만…", "이번에야말로 도움이 되어 드리고 싶었는데…"라는 말을 잊지 말아야 한다.

96

도와드릴까요?

양손에 짐을 들고, 혹은 양팔로 자료를 껴안고 엘리베이터를 타면 손이 자유롭지 못해 내리는 층의 버튼을 누르기가 어려워진다. 그럴 때에 누군가 "몇 층이세요?" 하고 말을 건네면 무척 기분이 좋다. 마음이 놓이면서 "미안합니다. 12층 좀 눌러주세요" 하고 말하게 된다. "몇 층이세요?"라는 한마디에 엘리베이터라는 아무런 감정도 없는 공간이 훈훈해진다.

"12층 좀 눌러 주세요" 하고 말한 사람도 "몇 층이세요?" 하고 말한 사람도 마음이 뿌듯하다. 얼굴을 아는 사람이건, 우연히 같은 엘리베이터를 타게 된 사람이건 마찬가지다.

구겨넣어지듯 탄 엘리베이터 안에서, 조작 버튼 가까이 서 있는 사람이 "몇 층이세요?" 하고 말을 건네면, 옴짝달싹 못하고 서 있던 사람들의 마음에 여유가 생긴다.

우리 주위에는 회사 복도에서 지나쳐가면서 상대방을 위해 한쪽으로 비켜서지 않고 곧장 걸어가는 사람도 있다. 지위의 높고 낮음과는 관계없이, 상대방을 위해 한쪽으로 비켜서는 행동이 쌓이고

> **상대방을 위해 조금 양보한다는 마음이**
> **쌓이고 쌓여, 사람 사는 공간의 마찰을 줄인다**

쌓이면, 우리가 살고 있는 공간에는 마찰이 훨씬 줄어들 것이다.

'인간(人間)'이란 '사람과 사람의 사이'라는 뜻이다. 그 '사이'를 보다 쾌적하게 유지하는 것이 인간관계를 좋아지게 하는 것이다. 인간관계로 고민하는 것은 그 '사이'가 온전하지 못하기 때문이다. 예컨대 지방에서 올라온 사람이나 외국인이, 도회지의 큰 역에서 표를 살 장소를 찾느라고 두리번거리거나 승차권 자동판매기 앞에서 머뭇거릴 때, 혹은 노선도를 보면서 어디까지 표를 끊어야 할지 몰라 어려워 할 때에는 "도와드릴까요?" 하고 도움의 손길을 내밀자.

아는 사람에 대해서건 모르는 사람에 대해서건, 앞으로도 서로서로 기분 좋은 '사이'를 만들 수 있도록 노력하자.

사회생활과 인간관계가
술술 풀리는 말 한마디

지은이 | 아키니와 도하쿠(秋庭道博)

옮긴이 | 이윤정

1판 1쇄 발행 | 2001년 12월 20일

1판 2쇄 발행 | 2002년 3월 15일

펴낸이 | 이보환

펴낸곳 | 도서출판 사람과책

등록일자 | 1994년 4월 20일

등록번호 | 제16-878

주소 | 135-080 서울특별시 강남구 역삼동 605-10호 세계빌딩

전화 | 02-556-1612~4

팩스 | 02-556-6842

이메일 | manbook@hitel.net

＊ 잘못된 책은 교환해 드립니다.

ISBN 89-8117-065-7 03320